U0040666

星座小熊
BluesBear
© Starring Ideas Inc.,Ltd.

4/20~5/20
第一本星座書

金牛座

堅忍不拔夠拼命

作者◎
FB 粉絲 70 萬的人氣插畫家
星座小熊
暢銷星座書作家
曾新惠

今夜星光燦爛

　　星座之於人生，就像一道又一道的美食——

　　有時你會因為溫暖味蕾的甜味而感覺幸福滿溢，有時你會因為嗆衝腦門的辣味而涕淚齊發，有時你會因為直入心底的苦味而五官扭曲，有時你會因為刺激強烈的酸味而起雞皮疙瘩……這些五味雜陳，就像星座顯現的人生滋味，隨時在你心中發酵、迴盪。

　　某一段時間，你可能手氣大順、得意忘形，此時，就會有帶著考驗、壓力、限制意義的星星，現身來平衡你高張的氣燄；某一個時刻，你可能挫折不斷、失意沮喪，此時，就會有帶著幸運、慈愛、溫暖意義的星星，現身來平衡你低落的信心。

星光閃閃，每一顆星都有屬於自己的特質和使命，它們看似不相干，卻緊密相連，交織出一張張精彩美麗的人生星圖，猶如這世上變化萬千的各種滋味，總是讓人百般回味，心神滿足！

目錄・CONTENT

說在前面 ★ 5
今夜星光燦爛

PART 1. *13*

說到金牛座

金牛速寫 ★ *14*

一天一種金牛座 ★ *20*

PART 2. *35*

遇見 4 種血型的金牛座

A 型金牛 ★ *36*

B 型金牛 ★ *39*

O 型金牛 ★ *42*

AB 型金牛 ★ *45*

星座八卦站

12 星座最怕哪些事？★ *48*

金牛與各星座的美味關係

金牛 vs 牡羊 ★ *52*

金牛 vs 金牛 ★ *55*

金牛 vs 雙子 ★ *58*

金牛 vs 巨蟹 ★ *61*

金牛 vs 獅子 ★ *64*

金牛 vs 處女 ★ *67*

金牛 vs 天秤 ★ *70*

金牛 vs 天蠍 ★ *73*

金牛 vs 射手 ★ *76*

金牛 vs 摩羯 ★ *79*

金牛 vs 水瓶 ★ *82*

金牛 vs 雙魚 ★ *85*

◇◇◇◇◇◇◇◇◇◇◇◇ **星座八卦站** ◇◇◇◇◇◇◇◇◇◇◇◇

12 星座笑傲群星的過人特質 ★ *88*

金牛與各星座的愛情協奏曲

金牛 love 牡羊★ *92*

金牛 love 金牛★ *96*

金牛 love 雙子★ *100*

金牛 love 巨蟹★ *104*

金牛 love 獅子★ *108*

金牛 love 處女★ *112*

金牛 love 天秤★ *116*

金牛 love 天蠍★ *120*

金牛 love 射手★ *124*

金牛 love 摩羯★ *128*

金牛 love 水瓶★ *132*

金牛 love 雙魚★ *136*

◇◇◇◇◇◇◇ 星座八卦站 ◇◇◇◇◇◇◇

12 星座之天使與魔鬼★ *140*

12 種上升星座，12 種金牛

上升星座落在牡羊的金牛★ *144*

上升星座落在金牛的金牛★ *146*

上升星座落在雙子的金牛★ *149*

上升星座落在巨蟹的金牛★ *152*

上升星座落在獅子的金牛★ *154*

上升星座落在處女的金牛★ *157*

上升星座落在天秤的金牛★ *160*

上升星座落在天蠍的金牛★ *163*

上升星座落在射手的金牛★ *166*

上升星座落在摩羯的金牛★ *168*

上升星座落在水瓶的金牛★ *171*

上升星座落在雙魚的金牛★ *173*

怎麼辦？金牛～

遇到急躁牡羊，怎麼辦？金牛～★ 176

遇到頑固金牛，怎麼辦？金牛～★ 177

遇到不可靠雙子，怎麼辦？金牛～★ 178

遇到耽溺巨蟹，怎麼辦？金牛～★ 179

遇到沒耐性獅子，怎麼辦？金牛～★ 180

遇到窮緊張處女，怎麼辦？金牛～★ 181

遇到鄉愿天秤，怎麼辦？金牛～★ 182

遇到嫉妒天蠍，怎麼辦？金牛～★ 183

遇到心直口快射手，怎麼辦？金牛～★ 184

遇到利己主義摩羯，怎麼辦？金牛～★ 185

遇到叛逆水瓶，怎麼辦？金牛～★ 186

遇到愛幻想雙魚，怎麼辦？金牛～★ 187

◇◇◇◇◇◇◇◇◇◇◇◇ **星座八卦站** ◇◇◇◇◇◇◇◇◇◇◇◇

１２星座不易被發現的隱藏性格★ 188

PART 1

說到金牛座

以最完整的分類方式，

掃描一遍金牛的各項基本資料，

讓你快速掌握金牛的關鍵特質。

 **金牛速寫**

生日： 4/20~5/20

符號： ♉

英文： Taurus

守護星： 金星

守護神： 阿芙洛蒂忒（希臘），維納斯（羅馬）

性質： 陰性

屬性： 土象星座

宮位： 第 2 宮

宮位性質： 固定宮

代表詞彙： 我有

數字： 2、9

星期： 星期五

顏色： 綠色

花朵： 紫羅蘭

寶石： 藍寶石

材質： 銅

物品： 具美感的物品

身體部位： 喉嚨

偏愛場所： 大自然、畫廊、餐廳

優點： 堅持、腳踏實地、深情、規律、耐性十足、
藝術品味

缺點： 固執己見、占有欲強、沒幽默感、缺乏變
化、重視物質

性格原罪： 貪婪

契合星座： 處女、摩羯

對立星座： 天蠍

緊張星座： 獅子、水瓶、射手

中立星座： 牡羊、雙子、巨蟹、天秤、雙魚

◈ 神話由來

　　一天早晨，正當宙斯四處巡視時，愛上了一位絕色美女，她是腓尼基國王西頓的公主，名叫歐羅巴。於是，宙斯化身成一隻有新月雙角、散發香氣與美妙歌聲的俊美溫馴公牛，努力吸引歐羅巴的注意。不久，宙斯終於如願以償，歐羅巴不僅注意到他，也接受了他的求愛。最後，宙斯就把公牛的形象化身置於天上，成為星座之一。

◈ 愛情觀

表面上看來不動如山，其實內心狂愛如火，只是因為不善於表達，使得對方不容易感受到。對於感情的態度十分慎重，不輕言談愛，可是一旦擁抱愛情，則全心投入、絕不兒戲，是忠實可靠的伴侶。

◈ 人際觀

與他人的關係和諧，不過於緊密黏膩，也不會刻意疏離，大多扮演被動角色；真正的知己不多，但都能長長久久，喜歡熟悉的味道和累積的紮實感，所以會用心經營彼此的友誼，可當一輩子的真心好友。

◈ 金錢觀

喜歡辛勤工作後領取血汗錢的紮實感，以及一點一滴累積存款的滿足感。用錢方面，錙銖必較，十分節儉。投資方面，追求的是穩定成長的獲利，看長不看短，屬於保守型投資者。

◈ 工作觀

自訂目標，規矩務實，謹守本分，不貪圖不屬於自己的利益，但要求合理的投資報酬率，不逾矩，亦不吃虧。一向走默默的、長期經營的路線，可在某個專業領域裡經營出一片屬於自己的天空。

◈ 職業

餐飲業、珠寶商、演藝人員、服裝設計、畫廊、藝文界、寶石鑑定業、金融業、廚師、庭園設計。

◈ 名人代表

男性：蔣經國、李敖、林百里、張宇、邰智源、張震嶽、王力宏、周潤發、陳道明、李連杰、何炅、達利、佛洛伊德、貝聿銘、柴可夫斯基、艾爾帕西諾、丹尼爾戴路易斯、祖克柏、巨石強森、三宅一生、臼井儀人、秋元康、渡部篤郎、松田龍平、神木隆之介、王貞治、朴海鎮、朱智勛

女性：瓊瑤、證嚴法師、林憶蓮、陳淑樺、黃路梓茵、謝娜、蔣欣、伊莉莎白女王二世、奧黛麗赫本、常盤貴子、志田未來、李孝利、IU

 一天一種金牛座

4月20日

　　偶爾會冒出無厘頭的反應，讓旁人不知如何對應，但也算是有可愛的一面，為人際關係加不少分；脾氣很硬，一旦拗起來，就連神仙下凡也改變不了，任何事都有一套自己的想法，不容易被別人的言論影響，只走自己想走的路，擁有獨樹一幟的風格。

4月21日

　　和每個人都能相處融洽，有時場面顯得緊張或尷尬時，也會挺身而出扮演緩和氣氛的角色，展現不同於平時的特質，令人驚豔；自訂目標，努力不懈，即使通往成功的路途充滿困難，依然

信心滿滿，但要時時提醒自己一不小心就顯露出的高傲嘴臉和現實心態。

4月22日

才華洋溢，尤其與美學相關的領域更具有獨特天分，他人很難超越，但切記不可濫用或故步自封；埋頭苦幹於自我成就，忘了愛的重要，容易在愛與被愛之間失衡，應適度放棄一些追求物質的欲望。

4月23日

為了達到目標，集中所有意志與力氣，固然能讓你以最快的速度完成任務，但身體卻不堪負荷，常因過度勞累而健康受損；善良、不耍心機的個性，為你贏得不少友誼，但有容易被騙的疑慮。

4月24日

　　真誠信任、樂於分享，願意給別人機會和空間，即使這麼做可能損及自己的利益，也不在意，是寬宏大度的人；喜怒無常，尤其遇到不順心的事情時，落差更大，情緒控制能力有待改善。

4月25日

　　喜歡幫助別人，但因為過於主觀，最後往往演變成強勢主導的情況，讓被幫助的一方渾身不舒服，反而弄巧成拙，吃力不討好；喜歡掌握權力那種踏實、權威、自我肯定的成就感，會為了證明自己而加倍努力，在團體中常被視為不易打敗的厲害角色。

4月26日

用錢呈現兩極化，對於自己喜愛的美食和珍品，不太考慮金額，重點在於味覺的享受和眼光的肯定，但平時則極為節儉，甚至到達小氣的程度；溝通能力不佳，傾聽能力也不怎麼樣，常發生會錯意或表錯情的糗事，應該想辦法加強觀察力和語言能力。

4月27日

不愛與人計較，有好事或好東西時，總是樂於與人分享，就算對方不領情，也不覺得氣餒挫敗，只要是自己覺得對的事，就會全力以赴；極有行動力，可惜方向感不佳，東奔西竄、茫無頭緒的結果，終究只是白忙一場，記得下次出發前，要先確認方向後再行動。

4月28日

　　自認為坦白真誠的性格，在別人眼中卻成了不懂得修飾的粗糙，個人價值觀與群體價值觀衝突，常有格格不入的感覺；負責、積極進取，不會因為任務困難就推拖，卯足全力、揮汗做事的模樣，令人激賞。

4月29日

　　平時看起來像個沒意見的人，但若遇到重大事件或緊要關頭，立刻變成一個頭腦清楚、條理清晰的領導者，親自坐陣指揮，一點也不馬虎；想法經常變來變去，讓人覺得無所適從。

4月30日

　　同時具備守成與創新的能力，應該盡量發

揮於職場，很快就可成為受上司賞識、被同事信賴、升遷快速的佼佼者；耳根子軟，又有同情心，容易成為心術不正者眼中的肥羊，一定要避免與人產生金錢借貸關係，否則損失將大大超出你的預期。

5月1日

做事有計畫，每一個步驟都做得紮實穩固，不會因為進度落後就囫圇吞棗，有自己的原則和目標，不隨波逐流；因為缺乏安全感，所以緊抓著自己鍾愛的人事物不放，不願意與人分享，占有欲強，讓人感覺不易親近，容易對人際關係造成負面影響。

5月2日

對於一切與金錢相關的活動都懷著高度興趣，

無論是開源或節流都有一套獨門哲學；有時因為害怕表現不好而顯得惶惶不安，必須學習克服緊張的情緒和過於求好心切的心理，才能展現真正的實力。

5月3日

十分固執，一旦耍起牛脾氣，千軍萬馬也拉不動，若往好處想，堅持到底的精神，可大大提高成功機率，若往壞處說，這樣的性格可能會變成自己與他人之間一道無形的牆，難有良性的人際互動；吃苦耐勞，誠實可靠，清楚的方向，堅定的信念，每一步都厚實穩健。

5月4日

討厭變動、應付不了複雜，喜歡生活在規律簡單的環境裡，一旦遇到突發事件，整個人就好

像要崩潰一樣，抗壓性不足；習慣在美食裡找慰藉和滿足，喜歡令人舒服的東西，就像一位品味大師。

5月5日

很在意別人的看法，因此變得綁手綁腳放不開，雖然是有實力的人，但卻無從表現；對於物品的質感十分要求，平時連少少的幾塊錢都會錙銖必較，但一遇到美麗精品，出手立刻變得闊綽，物質欲望極強。

5月6日

被人欺負了也不敢講，總是默默地忍氣吞聲，雖然心裡有說不完的怨氣，但不敢據理力爭，所以特別容易吃虧；不懂得眼觀四方、耳聽八方，以致於好康輪不到，壞事卻從天而降，應該試著

走出象牙塔。

5月7日

　　保守傳統，只想守著一方田地、一門技術、一樣樂趣，永遠都不要有任何變動，終老一生，不具備創新能力；重感情，友善，誠摯，樂於幫助比自己不幸或弱勢的人，值得當作一生的好友。

5月8日

　　喜歡賺錢，算盤打得很精，有商業頭腦，再加上勤快努力的特質，極有機會成為事業成功、人人稱羨的企業家；無法明確地傳達心中想法，常引起不必要的誤會，必須多練習人際交往的表達與溝通技巧。

5月9日

　務實又可靠，只要不放棄自己的夢想，長期鑽研與經營，一定可以等到大放異彩的成功之日；常把事情想得太簡單、把人性看得太單純，總要等到問題排山倒海而來時，才驚慌失措地不知該如何是好。

5月10日

　無論做什麼事，速度都極為緩慢，常因此錯過大好時機，雖然堅持自我步調是對的，但順應當下情況做適時調整也是必要的；頗具藝術天分，尤其對於美感的鑑賞力更是無人能出其右，只要時時刻刻能與美麗事物相伴，就覺得快樂滿足。

5月11日

　陷在自我僵固的思考模式裡，跳脫不出，也不

願意聽取別人的意見，縱有一身才華，卻無法好好發揮；努力勤懇的態度，為自己贏得好成績和好機會，如果能敞開心胸，廣納意見，很快就能向前大步邁進。

5月12日

喜歡接觸大自然，能在萬物律動中尋找人生真義，在追求物質生活之餘，亦能藉由精神活動調劑身心，是很懂得過生活的人；對於不熟悉的事物有強烈的防備之心，因而錯失許多可開創新局的機緣，應該試著與不同領域的人相處，掙脫封閉的桎梏。

5月13日

過於利益導向，讓人覺得現實，只願意對利己的事物付出心力，算得太清楚，但結果卻往往

大失所望；心思細膩敏感，不僅會站在他人的立場思考問題，也能提出實際的有效建言。

5月14日

謙虛有禮，對自己的所作所為負責，雖然有時會讓人覺得略顯呆板無趣，但卻值得信賴，尤其擅長經營管理，有商業頭腦；很愛吃，也懂得吃，對於食物和用餐環境都十分要求。

5月15日

面對任何事，都堅持重質不重量的原則，寧可好好地完成一件經得起考驗的鉅作，也不願急就章地草率了事，所完成的作品或任務，皆有相當不錯的水準；溝通不易，硬得像顆石頭，雖有憨直可愛之處，但大多時候都讓人覺得不敢恭維。

5月16日

　　有豐富的實用性常識，並能充分應用於工作與日常生活之中，當別人還在慌亂的蒐羅資訊時，你早已做好萬全準備，胸有成竹地往前行，實力相當雄厚；不太理會旁人的情緒，即使出現對自己不利的言論，也不受影響，堅持己見，走自己的路。

5月17日

　　全身散發一股獨特的氣質，雖不是團體中最搶眼的一個，但受歡迎的指數一定很高，屬於曖曖含光的柔媚，而非熱情奔放的野性，魅力與日俱增；得失心太重，反而影響實力，應該學著放輕鬆，平時多與內心的自我對話，可加強自己的信心，也會變得比較自在。

5月18日

面對豐富多元的資訊時，反而不知如何選擇，必須加強使用資訊的能力；堅忍不移，即使面對挫折也有自癒的能力，內心充滿厚實的能量，隨時準備對抗生命的殘酷考驗。

5月19日

欲望太多，最後真正能完成的寥寥可數，搞得自己心情大受影響，反而偏廢正事，得不償失；懂得借力使力，不硬拚、不硬撐，在既定獨行的路上，願意邀請偶遇的路人同行，互相扶持，相輔相成。

5月20日

一不小心就放大了自己的能力，被熱烈掌聲

包圍，興奮一時，但隨之而來的是從雲端跌落的窘態和挫敗，每一次的教訓都在說明謙遜的重要，你不得不深思；雖然膽子不夠大，但嘗鮮創新的意圖十分明顯，只要循序漸進，假以時日必能突破性格障礙，擁有嶄新的人生格局。

PART 2

遇見 4 種血型的金牛座

星座和血型就像連體嬰，

談到星座，免不了要把血型拿出來講，

那麼，乾脆就讓它們大合體，

擦出更眩目的火花吧！

 ## A型金牛

　　金牛對於未知的事不揣測、不預設立場，只是默默地、按部就班地把每一個步驟做好，即使有負面因素干擾也打不退堅定的決心，一路走來，穩定踏實；A型對事情的看法總是傾向悲觀，而且又容易受人影響稍有一點風吹草動就被嚇得不敢再前進，勇氣和信心都明顯不足。

　　金牛是外柔內硬的脾氣，表面看起來溫和柔順，其實十分頑固，一旦決定目標就不輕易改變，可以忍痛、忍苦、忍受孤單寂寞，只為了完成自己想做的事；A型依賴心強，遇到問題不是慌張就是猶豫，好像從未受過世事洗鍊的溫室花朵，只等著別人的呵護與保護。

　　金牛和A型都不屬於外放的性格，兩者之間有大部分的相同之處，以及小部分的差異。受了

A 型柔弱、陰鬱的影響，金牛會變得更靜默、更把自己鎖在一個沒人的角落，獨自啃蝕所有的喜怒哀樂，不喜歡接觸人群，想法反覆，凡事考慮很多，但變得比較敏銳，觀察力提升不少，冥頑不靈的硬脾氣也能獲得改善。

A 型金牛無論做了多大、多重要的事，都不好意思自己邀功，只是靜靜地做完，慢慢地走開，但其實心裡卻很渴望別人的肯定，若有人願意在這時候給予真誠的讚美，哪怕只是一個的眼神或一個手勢，鼓勵的熱度都能持續到長長久久。

無論做什麼都是循規蹈矩，從不玩花樣、不耍花招，A 型金牛的一言一行就是那麼讓人放心，不但愛自己的家人，也懂得主動關懷他人，雖然有時可能讓人覺得過於守舊，但整體印象還是好的。

Ａ型金牛有著莫名的被害妄想症，老覺得別人比自己幸運，自己不管怎麼做都會受到他人的質疑或鄙視，好像花再大的力氣也無法突破晦暗的心理障礙，事情習慣往壞的方面想。

　　Ａ型金牛喜歡待在自己的象牙塔裡，以為可以這樣一直安全、愉快地生活下去，其實生命的波瀾並不會因此停歇，越是自我保護，越會發現前路一片黑漆，到時候，恐懼、慌亂的情緒一湧而上，把自己淹沒的不是外來的壓力，而是深藏在心底的心魔。

Ａ型金牛之最

- ✪ 最害羞
- ✪ 最愛錢
- ✪ 最遵循傳統
- ✪ 最安定

 # B型金牛

　　金牛有強烈的責任感，不僅名列安全受託者名單，也會自訂目標、踏實執行，絕不偷懶或偷工減料，老老實實地做好每項工作，很值得信賴；B型對於一切需要付出勞力或負責任的差事敬而遠之，能逃就逃、能閃就閃，十足的玩樂分子。

　　金牛喜歡在固定的範圍裡走固定路線，每天做著相同的事和重覆的動作，會有一種安心踏實的感覺，一旦被環境逼著改變或冒險，可能很快就情緒崩潰，不知如何是好；B型把人生過得很隨興，遇到高興的事就開懷大笑，遇到麻煩的事就用機智化解，順心如意時就盡情享受，陷入低潮時就轉移心境，存活於變動的浪潮之中，遊刃有餘。

一向謹慎小心、一個口令一個動作的金牛，受到 B 型開朗樂觀的性格影響，在放鬆、享受、玩樂等工作以外的生活，似乎有些小小開竅的跡象，不再躲在人群後埋頭苦幹，也不會強烈排斥偶爾嘗試一些新的經驗。不過，兩者的差異畢竟還是存在，所以常有相互矛盾的情形產生，必須藉由時間和智慧慢慢轉化。

B 型金牛會在眾人面前出奇不意地說個冷笑話，但效果卻非常好，大家總是在面面相覷之後，哄堂大笑，也因此拉近不少彼此的距離，人際關係立刻熱絡起來，也算是預料之外的收穫。

B 型金牛很像雙面人，大部分的時候，給人的印象是安靜溫和，但若一感染歡樂氣氛，內心情緒被推至最高點，立刻像變了一個人似的，瘋狂、大膽、誇張、惡作劇，各種大家想像不到的事情都做得出來，稱得上是最厲害的偽裝高手。

對於金錢的處理，B型金牛算是保守穩健型，不會把錢花在不實用的物品上，更不做冒險投資，但在某些值得紀念的時刻，會大手筆地購買一件價錢令人瞠目結舌的高級精品，好好犒賞自己。

　　B型金牛懂得享受生活，不再把自己封閉在狹小無趣的環境裡，雖然骨子裡還是難脫凡事戒慎恐懼的特質，但起碼願意開啟接受新奇事物的心門，給自己走向人群的機會，經營更精彩的人生。

B型金牛之最

★ 最有異性緣

★ 最會偽裝

★ 最客套

★ 最懂美食

O型金牛

　　金牛對很多事大都沒什麼特別的想法，只知道守規矩、把事做好，其他的就順其自然了，唯獨對於既定計畫總是展現超強的決心，誰也改變不了，絕不妥協，固執得不得了；O型的固執也是遠近馳名，眼裡只有目標，縱有龐然大物現身干擾，一樣視而不見，一心奮勇向前衝，蠻力用盡、汗血流盡，為的就是達到目的。

　　金牛全身散發一種溫柔的堅持，若有人以為霸王硬上弓可以得逞，或認為斥喝幾聲就能達到目的，勢必會不斷碰到軟釘子，怎麼也攻不破用意志力築起的重重圍牆；O型的思考和動作都很快速，而且目標清楚，毫不含糊、推拖，辦事效率極高，精力永遠充沛旺盛。

　　金牛和O型可說是硬碰硬的組合，雙方的柔

軟度都不夠，如果被強調的是各自堅硬、頑固的部分，恐怕不是一件好事，但若是能用金牛的耐心把 O 型的暴力氣息磨去一些，或是用 O 型的熱情拉抬一下金牛的沉默，那就很完美了。

O 型金牛對於周遭人事物的感覺可用「駑鈍」來形容，既不敏銳又不細心，往往消息早已滿城皆知了，O 型金牛卻還渾然不知，常因此錯過重要的關鍵時刻或千載難逢的好時機。

O 型金牛常有看不順眼的事，發起脾氣來更是驚天動地，而且總是要搞得眾人圍觀、驚叫連連不可，好像上演一齣緊張刺激的動作片；處理事情的唯一手法就是直接對嗆，沒有緩頰的餘地，最後的結果不是你死、就是我活，沒有第二條路可走。

對於喜歡和不喜歡的人事物，態度迥然不同，O 型金牛的喜惡是很分明的，從不強迫接受自己

厭惡的事，即使旁人好言相勸，或是這麼做可能對自己有利，仍然不為所動，硬得像臭石頭的牛脾氣一發作起來就難以收拾，也成為人際方面極大的障礙。

O 型金牛並不懼怕壓力，但卻容易受壓力所擾，情緒波動很大，使得原本堅實的戰鬥力被削弱許多，認真踏實的正面性格也被忽略了，所以尋找適用的抒壓方式，必是人生成敗的絕對關鍵。

O 型金牛之最

- ✪ 最遲鈍
- ✪ 最怕改變
- ✪ 最愛耍牛脾氣
- ✪ 最深情

AB 型金牛

　　金牛做事十分細心，如果規定是 0.1 公分，就絕不會出現 0.2 公分的狀況，謹慎精確、一板一眼，而且想法單純，不轉彎，只有直線和直角，沒有其他的可能；AB 型總是能窮則變、變則通，腦袋瓜裡裝了一大堆奇奇怪怪的東西，誰說 1 加 1 非要等於 2，應該也可以等於 1、等於 6 ……總之，只要能解決問題，規則隨人訂，不必拘泥。

　　金牛的情緒只有溫和與極怒這兩種，沒有中間值，遇到不開心或痛苦的事，就用忍耐撐過去，不會隨便發脾氣；AB 型的情緒則變化萬千，時而豔陽高照，時而烏雲罩頂，時而狂風暴雨，自我控制能力差，容易讓人有過於任性的印象。

　　當憨直的金牛遇到刁鑽的 AB 型，任督二脈全被打通，好像在一瞬間開了竅，變得機靈敏捷，

判斷力迅速提升；當溝通能力不佳的金牛遇到說話像連珠砲的 AB 型，立刻把和人聊天當作一種享受，喜歡得不得了；當謹守本分的金牛遇到愛管閒事的 AB 型，與他人之間的連結變多、變深了，視野也會變得不一樣。

AB 型金牛喜歡美食、細緻的精品、美麗的畫面、高級的藝術品，而且具有一流的鑑賞力，與生俱來的美感直覺，成為別人怎麼也學不來的特質，是一輩子也用之不竭的珍貴資源。

為了演出的完美，AB 型金牛總是絞盡腦汁思索著，希望能鉅細靡遺地做到滴水不漏，但也因此常把自己搞得緊張兮兮、胡想連篇，到最後，苦頭也吃了、人也累壞了，結果卻未必令人滿意。

AB 型金牛的吸收力很快，而且能持之以恆地繼續充實，無論學習哪一個領域的知識，都可在短時間裡擁有豐碩成果；偶爾也會有遇到瓶頸的

時候，但只要多花一點時間就能克服，學習力十分驚人。

　　表面上，AB 型金牛是一個目標明確、認真執著的人，但私底下，卻對生命有著很多的疑問，在尋找這些疑問的答案時，或許會經歷一些苦痛和難關，但也因為如此，開心、滿足和幸福的感覺都變得加倍的好，人生缺憾越來越少，生命更圓滿。

AB 型金牛之最

☆ 最具藝術氣息

☆ 最矛盾

☆ 最渴望占有

☆ 最衝突

12星座最怕哪些事？

牡羊 最怕沒搶到第一，最怕依賴別人，最怕無聊。

金牛 最怕變動，最怕沒有美食，最怕沒錢。

雙子 最怕資訊落後別人，最怕一成不變，最怕拖太久。

巨蟹 最怕沒依靠，最怕冒險，最怕緊急狀況。

獅子 最怕沒面子，最怕安靜，最怕冷清。

處女 最怕失序，最怕髒亂，最怕被指責。

天秤 最怕沒朋友，最怕沒人陪，最怕失態。

天蠍　最怕沒隱私，最怕沒權威，最怕被背叛。

射手　最怕給承諾，最怕被限制，最怕愛計較。

摩羯　最怕速度太快，最怕不受尊重，最怕不確定。

水瓶　最怕沒自由，最怕守舊，最怕太感性。

雙魚　最怕壓力，最怕被規定，最怕被要求負責任。

PART 3

金牛與各星座的美味關係

當金牛與各個星座碰在一起，

會產生什麼化學變化，

能變出什麼美妙的人生滋味呢？

你也來嘗嘗吧！

金牛 VS 牡羊

關係指數 ★★★

特調滋味 甜中帶苦

秘密武器 各退一步

　　牡羊心中坦蕩，無愧天地，做人做事光明磊落，天不怕地不怕，把冒險犯難當成一種體驗人生的享受，對於貧乏單調的恐懼更甚於受傷挫敗，不願用循規蹈矩來換取安全，寧可接受挑戰、對抗強權，非要把自己弄得渾身是傷，才覺得符合熱情勇敢的英雄主義。

　　每每面對一件事，從決定、執行到結束，只能用風馳電掣來形容，急得不得了，屬於趕死人不償命的衝動派。好奇心強，對自己有興趣的事物，全心投入、全力以赴，反之，則絕不勉強自

己，甚至連正眼瞧一眼都懶得，對於喜惡的反應很極端。

企圖心強，信心滿滿，凡事都想搶第一、拔頭籌，相信只要是自己想得到的，一定能達陣成功，沒有輸的理由，只有贏的希望，隨時隨地抱持的信念都是積極樂觀和永不言敗。

金牛看待牡羊有一種矛盾的扭曲心態，一方面很羨慕牡羊的自信果決，不怕痛苦、不懼艱難，猶如英姿煥發的勇敢戰士，另一方面卻又覺得牡羊過於衝動暴躁，就像思慮不周的毛頭小子，無法讓人放心。金牛和牡羊可能因為對對方存有新鮮感而擦出短暫火花，但如果想要進一步相處或合作，恐怕結局會讓雙方都失望。

當金牛費了好長的時間、好大的勁兒，小心翼翼地布局或經營某項計畫時，牡羊只要一現身，立刻大刀闊斧把所有正在踏實緩行的步驟搞得一

團亂，而且還十分得意於自己創新的領導力，到處自誇炫耀，殊不知金牛已在一旁氣得七竅生煙，一邊對著之前努力的成果心疼不已，一邊在心底發下狠誓：「以後一定要離牡羊越遠越好！」

◈ 如何調出兩人的美味關係？

一個是急性子，一個是慢郎中，兩人的關係並非絕對的對立，相互干擾與相互協助的部分也不大，就像曾經打過照面，但彼此不熟，只是各自過著生活的鄰居。既然雙方之間有本質的差異，就要學著尊重對方的想法和做法，一方不可強勢的要求，另一方也不需以弱勢自居，否則久了一定會爆發難以想像的問題，倒不如平時就建立平等的觀念，自然就可相安無事地繼續相處下去。

金牛 VS 金牛

關係指數 ★★★★★
特調滋味 鮮甜入味
秘密武器 相輔相成

金牛喜歡看得到、摸得到的具體實物，因為真實的擁有能帶來安全感，不必為虛幻或充滿變數的未知空等，已經握在手上的才算得上是資產。做人可靠，做事穩重，待人和善客氣，對自己的技能和才華有信心，但不會喧嚷自誇，強調以實績服人。

動作緩慢，按部就班，重視計畫，一旦處於快速多變的狀態，會有幾近心臟病發的不適感，對於周遭一切變化完全來不及消化和反應，容易造成沮喪和挫敗感。觀念保守，思想刻板，不敢

冒險，也不想嘗鮮，覺得規律安穩的生活即是最大的快樂。

喜歡吃美食和具美感的事物，平時節儉成性，每花一分錢都要再三斟酌，但會為一次豐盛的大餐或一件嚮往已久的昂貴物品實行存錢計畫，只要一存夠錢，便毫不猶豫地買下，享受自給自足的踏實感。

金牛和金牛的相處，應該是既舒服又踏實，不過，難免還是會有因為受不了對方而硬碰硬的狀況。金牛一生最重要的原則就是安穩，任何可能的風險都是一種痛苦折磨，再加上腦筋不夠靈活，常因突如其來的變化而打結、轉不了彎，需要有人一起討論商量，所以如果真有一個和自己習性、理念、做事方法都相同的人在身旁陪著，心裡的恐懼和慌亂自然會減少許多，讓人多一份安心感。

金牛要是耍起牛脾氣來，很少人能受得了，即便是親密的同族人也常被惹得怒氣難消，但這就是照鏡子效應，其實兩人都有著固執、死也不肯改變的性格，當一方怎麼樣也說不通時，也等於在提醒另一方——千萬不要變成這副討人厭的模樣！

◈ 如何調出兩人的美味關係？

你有的，對方也有，你缺的，對方也缺，兩個人就好像照鏡子一樣。感情好的時候麻吉得不得了，但是一言不合、起衝突時，嚴重性也會甚於其他人。其實，彼此對對方的心情是惺惺相惜的，不僅相互欣賞優點，也會為對方的弱點擔心，那麼，何不勇敢地表達出自己心裡真正的心意呢？兩人應該經常交換生活心得，多給予對方鼓勵，要說氣話之前先冷靜一會兒再溝通，即可避免無謂的爭端。

 **金牛 VS 雙子**

關係指數 ★★★

特調滋味 平淡無奇

秘密武器 各司其職

　　雙子的想法千變萬化，手腳爽利明快，全身細胞永遠都處在活躍跳動的狀態，就連睡覺做夢都能想出令人拍案叫絕的新點子，生活有趣精彩。辯才無礙，善於交際，什麼話題都能聊，什麼人都能相處融洽，但大多口頭之交，對於累積情誼並沒有幫助。

　　對於訊息的蒐集、處理和傳遞能力，無人能及，好聽的說法是人人崇羨的資訊達人，但較貼近事實的稱號應該是唯恐天下不亂的八卦王，整天穿梭在如槍林彈雨的大小資訊之間，不但不覺

得紛亂煩擾，反而有一種蓬勃生動的趣味，不亦樂乎。

遇到該負責任時，不是插科打諢混過去，就是用裝死的方式逃避，不是一個有承擔力的人。做事只有三分鐘熱度，過了興頭就棄置一旁，也不管完成程度如何，很難老老實實地做好一項任務。

金牛喜歡看雙子如鳥兒一般在天空自在飛翔，輕盈又快樂，因為那是自己無法擁有的能力。雙子不僅反應快、身手矯健，且資訊運用能力過人，生活多采多姿，而金牛因為性格保守規矩，沒膽跟著別人四處冒險，跨不出既定領域，只好守著自認為有能力掌握的範疇，一直勤奮地耕耘下去，不作不切實際的幻想。

金牛自知沒有雙子的聰明慧黠、靈活敏捷，但說到底也只是一種欣賞和羨慕的心情而已，並

非想要改頭換面，讓自己變成另一個對方，只要
彼此願意給予適當的空間、適時的協助，而且平
時又可以和睦相處，就感到心滿意足了。

◈ 如何調出兩人的美味關係？

對方的長處是自己缺乏而且羨慕的，對方的
短處是自己獨有而且有能力幫助對方改善的，彼
此的關係就好像優缺點互補的組合。剛開始相處
時，可能因為性格的差異而有所保留或顯得尷尬，
但只要一方願意先卸下防衛的面具，拿出具體的
誠意來，兩人之間立刻多了一座用溫暖和真誠造
成的友誼橋樑，從此相輔相成、愉快融洽。

 **金牛 vs 巨蟹**

關係指數 ★★★★

特調滋味 清爽可口

秘密武器 真心誠意

　　巨蟹在這世上最愛的、最想照顧的就是自己的家人、族人、同類人，只要能扯上關係或有共同之處，便掏心掏肺、犧牲奉獻，而且完全不求回報，是一個寬大為懷、溫厚親切的人，不過，容易膽怯畏縮，也沒什麼主見，經常處於猶豫不決的狀態。

　　生性敏感，尤其對於人情世故的細微變化，更是感知深刻，很會看人臉色，但卻不懂得排解情緒，再加上習慣以悲觀負面的角度來解讀事情，以致於常自陷憂傷可憐的氣氛之中，難以自拔。

面對不合理或不舒服的情況時，總是不自覺地壓抑情緒，等到忍無可忍時，才整個大爆發，猶如突然投下一顆原子彈，讓人感覺情緒反應十分兩極。理財觀念強，不僅精打細算，而且懂得對收入和支出做完善規畫，絕不會發生寅吃卯糧的慘劇。

金牛的基本調性雖然和巨蟹不完全相同，卻有著異曲同工之妙。一般人對金牛的感覺是溫和有禮，對巨蟹的感覺是溫暖親切；金牛的動作很慢，從不為搶不到第一而氣惱，而巨蟹的速度也不快，對於自己能不能坐上冠軍寶座並不怎麼在意；金牛極少吭聲、不強出頭，但若遇到自己堅持的事，則展現難得的強硬固執，絕不妥協，而巨蟹的柔軟性格也會在某些自己在意的場合上，變得堅不可摧，令人刮目相看。

金牛和巨蟹有攜手合作的可能，但前提是要把利益條件先談好，因為雙方在金錢方面都是精

打細算的人；另外，兩人雖不至於脾氣急躁惡劣，但性格中仍有固執的特質，為了避免摩擦，在實際行動之前把各自工作分配妥當，是十分必要的。

◈ 如何調出兩人的美味關係？

彼此之間存在著一股莫名的吸引力，但卻不十分強烈，清清淡淡、輕輕盈盈，相處的時候，感覺愉悅自在，不相處的時候，也不會特別想念，像是一種相互欣賞但不親密的隨緣感覺。其實，雙方各有優點，倒是缺點的部分比較類似，所以特別需要相互提醒、規勸，把對方當成明鏡，隨時修正自己的缺失，才能共同進步提升。

金牛 VS 獅子

關係指數 ★★

特調滋味 甘苦交混

秘密武器 尊重對方

　　獅子把自己定位成一個君臨天下的王者，所以喜歡指揮別人、習慣發號施令、重視排場、講究氣氛，無論出現在什麼場合，一定要成為最閃亮的那個顆星，炫目華麗且光芒四射，若有人膽敢對君威不敬或對君命不從，必以威猛狂嘯的獅吼功伺候，非要對方懾服不可。

　　熱情樂觀，正直誠懇，魅力十足，在群體中能發揮以正面能量感染他人的效果，即便自己遇到煩惱或傷心的事，仍願意伸出援手去幫助別人。具創造力和戲劇天分，樂於將自己心裡真實的想

法，藉由創意和表演與人分享，沒心機，不計較，更無害人之心。

因為自命不凡，所以驕傲自大、霸道武斷，因為自封為王，所以不容異己、重權要勢，而且脾氣特別大，為所欲為，只要有人不小心犯了忌諱，就大動肝火，容易讓人留下喜怒無常的印象。

金牛習慣低調沉穩，因為這樣比較安全；獅子喜歡高調炫耀，因為這樣比較多采多姿。金牛總是默默耕耘、靜靜守候；獅子總是大張旗鼓、聲勢浩然。金牛和獅子是兩個不同世界的人，彼此之間存在著本性的差異，誰都不願意先主動示好，更沒興趣瞭解對方在想什麼，只是一直忙著抵抗對方帶給自己的不舒服感。

當獅子站在舞台上高談闊論或賣力演出時，金牛雖然不至於在眾人面前直言批評，心裡卻十分不屑，認為獅子只是好大喜功、言過其實的假

威權，因為金牛一向嚴守說到做到的原則，除非有十足把握，否則絕不會隨便亂給承諾，強調實質的表現甚於外表的張揚，與獅子愛面子、重名聲的性格特質大不相同。

◈ 如何調出兩人的美味關係？

一個要往東，另一個就想往西，一個覺得美妙開心，另一個就嗤之以鼻，兩人來自不同的世界，話不投機、水火不容，不管從哪個角度切入都無法找到共同點，若硬要湊在一起，只會消耗彼此的時間和精力，並留下一堆歇斯底里的怨言。倒不如學著尊重對方，你走你的陽關道，我過我的獨木橋，不強求，也不期待，彼此會過得更快樂。

 金牛 VS 處女

關係指數 ★★★★★
特調滋味 厚實濃烈
秘密武器 福禍與共

處女的分析能力和組織能力皆高人一等，不管面對再怎麼混亂雜錯的狀況，都能在最短的時間內理出一個清楚明確的頭緒，以及讓所有人都覺得滿意的結果，勤奮努力，堪稱處事高手、效率達人。

精密有序是基本要求，確實負責是中心思想，完美無瑕是必達標準，即使因此必須過著嚴謹忙碌的生活，亦覺得開心充實，毫無怨言。雖然，表面看起來是一個事事實際、利益分明的人，其實具有高度熱忱，樂於為需要幫助的人提供服務。

自己嚴守紀律，也強迫別人跟著遵循，看什麼事都不順眼，愛批評、愛挑剔，整天嘮嘮叨叨、碎唸不停，讓旁人大呼吃不消。在人前的表現總是謙遜有禮、不爭不搶，但在人後的真實面目卻是錙銖必較，手上不僅握緊了箭，同時也備好了盾，可攻可守，絕不吃虧。

　　金牛和處女的特質相當接近，譬如認真勤奮、務實規律、執行力強、做事有目標等等，是一對默契絕佳的組合。當金牛需要支援又不好意思開口時，處女不但可以在第一時間給予協助，而且無論是方法或力道，總能拿捏得恰到好處，讓金牛覺得既窩心又沒有負擔；當金牛有快樂的事要分享卻不知從何說起時，處女會主動詢問，讓金牛能順利無礙地表達和分享，兩人搭配得極為完美。

　　金牛和處女都喜歡在事前做好規畫，然後按部就班地執行，或許速度可能比其他人慢一些，

但最後的成功機率卻不低，兩人走的是穩紮穩打路線，即使過程中出現誘人的利益或從天而降的好機會，也不為所動，靠自己努力達成目標的意志是同樣堅決的。

◇ 如何調出兩人的美味關係？

兩人對於事情的看法、欣賞的風格、喜歡的類型，總是不謀而合，好像這些狀態是特地為彼此量身定作似的，契合得令人驚嘆。因為溝通管道暢通、做事速度和方法相近、相互信任依賴，又有共同的理念，所以很適合成為親密夥伴，無論是哪一方面的合作搭配，都能創造出好成績，是一段值得終生經營的正面關係。

 金牛 VS 天秤

關係指數 ★★★

特調滋味 甜中帶苦

秘密武器 各退一步

天秤很在意平衡的問題，左邊是十公斤，右邊也要是十公斤，左邊放了一朵花，右邊也要放一朵花……只要一看到左右不對稱，就覺得渾身不舒服，非要想辦法改善，直到合乎公平公正的標準為止。

為人客氣溫和，與人相處融洽，喜歡愉悅舒服的氣氛，所以總是盡其所能地避免爭端是非；當問題的關鍵人是自己時，委曲求全、以和為貴，當問題出在他人身上時，則自願擔任居中協調者，為的就是能大事化小、小事化無，大家和睦愉快

沒紛爭。

注重形象，氣質出眾，親和力與溝通力特別好，活躍於各個人際社交圈，擁有迷人又知性的公關魅力。浪漫的理想主義者，紙上談兵的功力遠遠超過真槍實彈的實戰經驗，再加上愛享樂、不愛工作的習性，容易給人安逸懶散、光說不練的印象。

金牛和天秤具有某部分的相像之處，例如兩人都具有過人的美感、都喜愛美麗的事物、都散發一股優雅的迷人氣質，所以，彼此只要把互動的重點放在這些領域裡，就能相處愉快，友誼指數節節上升。但是，如果仔細把雙方的差異部分一一羅列，似乎很快地就又將兩人好不容易交集在一起的契合之處淹沒了，道不同不相為謀的互斥和疏離感立刻顯現在兩人臉上，像一把無情的刀，劃破原本和諧的關係。

金牛受不了天秤做錯事還不知檢討，只是一昧地找理由脫罪，也不喜歡天秤總是挑自己喜歡的事情做，一遇到棘手的問題或麻煩事就逃避閃躲。另外，金牛雖然愛吃愛美，但懂得把錢花在刀口上，不像天秤重享受卻對金錢沒概念，這也是金牛與天秤不對盤的原因之一。

◈ 如何調出兩人的美味關係？

即使對方什麼都沒做，也沒礙到誰，但彼此對對方都有一種說不出個所以然的反感，只是還不到針鋒相對的地步，不會在檯面上把自己心裡真正的想法全盤托出，尚為對方保留一些面子，也為自己留些餘地。道不同不相為謀，既然不適合湊在一塊兒，就不應該勉強，只要各司其職，把該做的事做好，井水不犯河水，自然也就皆大歡喜了。

 **金牛 vs 天蠍**

關係指數 ★★

特調滋味 甘苦交混

秘密武器 尊重對方

天蠍因為精明幹練、執著專注,所以被人視為不好惹的狠角色,又因為嫉惡如仇、報復心強,而被當作可怕的冷血者,在群體之中,就像一個天生的絕緣體,凡人不敢靠近、常人避免接觸,大家都躲得遠遠的,深怕一不小心就成了毒螫下的祭品。

外表看起來冷酷幽暗、默不作聲,其實是一個外冷內熱、用情至深的人,全身散發神祕的吸引力,一旦決定付出,就難以收回,而且要求對方同等投入,否則玉石俱焚;無法忍受被背叛,

占有欲極強。

具有如偵探般敏銳的直覺和洞察力，能一眼看穿對方心裡的真實想法，主觀意識強烈，對於追求真相和揭發內幕特別感興趣。善用謀略，執行力強，勇於克服困難，不輕易被挫折打倒，說到做到，絕不含糊其事或打馬虎眼，極具競爭力。

金牛是一個老老實實做人、誠誠懇懇做事，不懂得隨情勢轉彎的人，一旦遇到不合理的對待，只能低著頭在一旁生悶氣，不知所措，但因為金牛本身沒什麼攻擊性，一旦憤怒的情緒消化後也就沒事了，心裡想的是如何回歸正軌，繼續前行，至於恩恩怨怨就讓它隨風而逝。

然而，天蠍的人生哲學與金牛大不相同。金牛和天蠍都愛錢，只是金牛靠自己努力賺錢，天蠍靠計謀從別人口袋拿錢；金牛和天蠍都具備意志力，只是金牛把意志力實踐在自我設定的目標

上，天蠍的意志力卻大多依附著某個對象，且充滿了復仇的氣味。金牛雖然驚異於天蠍敏銳的觀察力，也佩服天蠍過人的持續力，卻無法認同天蠍把話說穿、把事做絕的狠勁，一心只想遠離，各走各的路。

◈ 如何調出兩人的美味關係？

雙方的關係是既衝突矛盾，又掙扎拉扯，好像只要兩人同時存在一個空間裡，氣氛就變得不對勁，不是雞飛狗跳，就是僵持不下。其實，彼此的狀態就像蹺蹺板，一邊高的時候，另一邊就必須低，相互配合才能和諧，如果硬要都爭高或都搶低，下場當然很慘烈，還不如先談妥搭配的方式，並從禮讓和瞭解對方做起，一定可以慢慢地漸入佳境。

金牛 VS 射手

關係指數 ★★★

特調滋味 苦中帶酸

秘密武器 親疏分明

　　射手就像讓人心情大好的暖陽、可治百病的笑聲、充滿希望的正向能量，一切變得如此美好，是一個人人都想接近和學習的對象。喜歡接觸新事物，經常旅行，結交各領域的朋友，富哲學思考，同時具有行動力和實踐力，所以智慧過人、知識廣博。

　　不受框架的侷限，不理會制度的規範，熱愛自由，奔放開闊，即使付出的代價是不斷地被騙、被傷害，亦無所謂，依然樂觀開朗，勇敢冒險，為的就是尋找別人一輩子也到不了的奇境聖地。

口沒遮攔、快人快語，往往刺傷了對方的心卻毫無知覺，老是顧著自己開心，卻忘了替別人著想。過於理想化，還沒想清楚得失利弊就直接衝出去，十次有九次都以傷痕累累收場。說話誇大，動作誇張，又害怕承諾，特別容易給人留下不牢靠的負面印象。

當金牛第一次聽射手談天說笑時，感覺很有趣，也很欣羨，但是當金牛聽第二次、第三次……幾次之後，金牛便開始反感，因為射手輕浮誇張的表情和行為表現，讓金牛覺得很不踏實，尤其當金牛發現射手是一個輕忽承諾、說的比做的多、玩樂功力遠甚於做事能力的人，就會選擇劃清界線，彼此保持距離。

金牛是一個嚴守紀律的人，不管眼前有多少問題和苦難，只要下定決心，就不輕易向困境妥協，但射手從來不知道什麼是吃苦耐勞，更不可能事事照規矩走，總是抱持著隨遇而安的心態。

金牛和射手的人生觀、價值觀、思考邏輯有著一百八十度的不同，兩人實在不容易相處融洽，更別說有任何共識了。

◈ 如何調出兩人的美味關係？

對於對方的神情態度與處事風格，十分不以為然，甚至鄙視不屑，總覺得自己什麼都比對方好，只要有一方說一句話或做一個動作，另一方立刻就表現出不耐煩、不苟同的嘴臉，互看不順眼。但是，冤冤相報何時了，這時候反而應該用更多的愛與耐心，包容對方，檢討自己，才有可能化干戈為玉帛，轉負為正，創造雙贏的局面。

金牛 vs 摩羯

關係指數 ★★★★★

特調滋味 厚實濃烈

秘密武器 福禍與共

摩羯喜歡遵循古法、重視禮教、實力雄厚，而且特別強調安全，凡事只要可能承受風險，哪怕只是小得微不足道，談不上任何威脅，一樣會斷然拒絕，是一個不折不扣的老頑固、老長官、老學究。

一生之中有百分之九十的時間都用在工作上，除了真實的工作時間比一般人長許多之外，連休息、甚至睡覺都在想與工作有關的事，是大家公認的工作狂，生活規律而缺乏變化，刻板而不懂情趣，成熟而過於嚴肅拘謹，認真可靠而沒有意

外的驚喜。

深沉內斂，情感壓抑，有點悲觀傾向，但意志力和執行力十分驚人，一旦確定目標就不會改變，持續穩定地前行，雖然速度不快，但是步步走得踏實，再加上絕佳的領導力與組織力，往往能成為跌破大家眼鏡、最後坐上成功者寶座的人。

金牛和摩羯都是重視物質甚於精神的人、都是實際主義的擁護者、都是守舊傳統的老頑固，兩人對於事情的看法和觀點很接近，就像同一個鼻孔出氣的好兄弟、好姐妹，雖然礙於不擅表達情感的性格，使得雙方的相處模式較為理性冷靜，但其實相互之間的情誼卻是真誠而濃厚的，猶如老酒一般，越陳越香。

平時，金牛總是給人刻苦耐勞、辛勤工作的印象，但偶爾還是會用自己的方式小小放鬆或享受一下，然而，摩羯則完全投入工作，恨不得把

二十四小時都用在自認為有建設性的事情上，在這方面，金牛似乎有義務提醒摩羯，讓兩個容易忽略身邊人事物、容易過度勞累的人，稍微給自己一些喘息機會。

◈ 如何調出兩人的美味關係？

兩人的契合度是百分百，一方只要眨眨眼，另一方就知道意思，是靈魂伴侶，也是精神支柱，更是可以同甘苦共患難的知心好友，不必多說就能心領神會，無論在一起做什麼都覺得開心自在，而且理念和價值觀一致，即使偶爾發生意見分歧的狀況，也很快就能取得共識，並尋得解決之道，互動關係十分完美。

金牛 vs 水瓶

關係指數 ★★

特調滋味 甜鹹不調

秘密武器 相互包容

　　水瓶忽遠忽近、忽淡忽濃、忽冷忽熱的詭異性格，總是得到兩種極端的評價，那些熟識的麻吉好友，異口同聲說這就是不矯揉造作、自然泰若的真性情表現，而那些初次見面的陌生人，則破口大罵：「不懂地球遊戲規則的外星人，有什麼好跩的啊！」

　　獨立創新，冷漠主觀，叛逆孤僻，以致於在群體中顯得格格不入，常常冷不防地就躲進只有自己瞭解的世界，與世隔絕，不想理人，也不想被理。其實，內心裡深藏著博愛、為人類服務的

高度理想，只是懶得解釋，覺得時機到了，該懂得的人就會懂得，不需多費唇舌。

雖然才華洋溢，但不刻意外露，雖然具備賺大錢的能力，仍淡泊名利，一生最怕的事就是失去自由，寧願當一個餓著肚子卻滿懷理想的自由鬥士，也不願成為口袋滿滿卻綁手綁腳的大富豪。

金牛和水瓶同屬於低調且堅持己見的人，不喜歡招搖浮誇的生活，寧可過著平淡的生活，也不願意為了成為眾人焦點而硬著頭皮去適應各式各樣的人，拒絕有違自我本性的行為，不善於處理人際關係，只要身處熱鬧喧嘩的環境中，就覺得渾身不自在。

不過，即使金牛和水瓶有少部分的相似特質，但整體來說，還是兩個很不一樣的個體。規律踏實的金牛完全無法理解叛逆創新的水瓶在想什麼，兩人談話時顯得難以溝通，做事時感覺節奏不對，

相處時更是奇怪彆扭，不是一方在生悶氣，另一方完全狀況外，就是一方覺得枯燥無味，另一方卻興致勃勃，好像無論怎麼調整修正都沒辦法讓雙方順利搭起友誼的橋樑。

◈ 如何調出兩人的美味關係？

基本上，兩人的性格差異是不小的，不是快與慢、熱與冷的組合，就是動與靜、攻與守的搭配，很難被放在同一個天秤比較，也極少被拿來一起配對。但其實雙方還是有一兩個相似之處，暗暗地支撐著彼此的友誼架構，只要一方肯用心發掘，並將自己的想法誠懇地表達出來，很快就能打破藩籬，建立良好新關係。

金牛 VS 雙魚

關係指數 ★★★

特調滋味 平淡無奇

秘密武器 各司其職

　　雙魚愛上的是一種感覺，一種迷濛夢幻的感覺，一種無法具體描述，但卻使人無限依戀的感覺，那是精神層次的追求、心靈寄託的依歸，只有遠離複雜刺激、針鋒相對、物欲橫生的陸地，回到溫暖柔軟的廣闊海洋，才能放心地悠遊，感受前所未有的舒適安全。

　　天真浪漫，單純脫俗，慈悲體貼，特別同情貧苦弱勢的可憐人，即使自己只剩一碗飯，也會毫不考慮地先給最需要的人吃，然後再一邊忍受飢餓、一邊尋求更多援助，是一個善良又寬厚

的人。

　　喜歡逃避，自制力弱，缺乏判斷力，容易受騙或受誘惑，而且一旦陷入深淵就很難自拔，經常遊走在善與惡的交界。直覺、潛意識、玄學、神祕學等靈性方面的啟發能力極強，藝術天賦高，在音樂、戲劇、寫作、舞蹈等方面的表現優異，令人讚嘆佩服。

　　雖然，從外表面看來，金牛像一個認真、頑固、只會死守規矩的老頭，而雙魚像一個懶散、隨和、只會做夢幻想的孩子，但兩人相處起來卻毫無障礙，頗有互補得宜的效果。在金牛的心中，雙魚不但溫柔仁慈、不具威脅性、不給別人壓力，還有著濃厚的同情心，算得上是一個值得交往的朋友。總之，雙魚對於金牛的心情幫助是不小的，不但可以緩和情緒，還能抒解壓力。

　　某些時候，金牛也會覺得雙魚的想法太浪漫，

不切實際，或是執行力很差，只會想不會做，實在讓人有點受不了，但看在雙魚善良又好相處的分上，金牛並不會因此嫌棄或排拒雙魚，甚至會在對方遇到問題或陷入困境時，情義相挺，竭盡所力地幫忙。

◈ 如何調出兩人的美味關係？

從外表看來，兩人喜歡的事物和行事的風格似乎不完全相同，但若仔細研究分析，就會發現根本是殊途同歸的同路人。兩人不但有著極大部分的相似特質，而且還有共同的習性和興趣，如果能時常彼此分憂、分擔、分享，便可讓原有的優點發揮得淋漓盡致，且對於增長見識和改善缺點亦有莫大助益。

12 星座笑傲群星的過人特質

牡羊　行動力，勇敢，急躁，天真，自信。

金牛　節儉，耐力，固執，鑽牛角尖，穩重。

雙子　幽默，速度，機智，話多，八卦。

巨蟹　愛家，敏感細膩，懷舊，包容力，情緒化。

獅子　領導力，創造力，表演天分，自大，風度。

處女　責任感，批判，守規矩，挑剔，細心。

天秤　猶豫，社交力，愛美，和諧，善辯。

天蠍　心機，嫉惡如仇，吃醋，冷酷，神祕。

射手　愛玩，樂觀，熱情，誇張，神經大條。

摩羯　事業心，執行力，堅持力，嚴肅，認真。

水瓶　創意，搞怪，博愛，理性，好學。

雙魚　浪漫，胡思亂想，心軟，逃避，藝術天分。

PART 4

金牛與各星座的愛情協奏曲

當金牛與各個星座掉進愛的漩渦時，

怎麼做才能擁有一段讓人動心、覺得窩心、

感到開心的愛情呢？

這裡有祕技在此公開。

金牛 love 牡羊

　　牡羊情人的脾氣爆點很低，一觸即發，稍有不對勁就大發雷霆，不鬧到滿城風雨絕不罷休，最好再來個對方被嚇到屁滾尿流的戲碼，那就更過癮了。不過還好的是，脾氣來得快、也去得急，才一轉眼，臭臉變笑臉，怒氣變笑聲，像疾風驟雨後的燦爛豔陽。

　　受不了欲迎還拒、半推半就的黏膩感，一旦有了愛情的感覺，二話不說，立刻化身為愛的戰神，全力發動攻勢，誓言用最短的時間擄獲對方的心；當愛的感覺消失時，亦是直來直往，無法忍受拐彎抹角、冷嘲熱諷，有什麼不爽快就大刺刺地說出來，直接給雙方一個痛快。

　　喜歡征服的勝利感、喜歡在愛情關係裡占上風、喜歡對方崇拜自己的眼神，討厭不說話的冷

戰、討厭對方在眾人面前不給面子、討厭對方死纏爛打，愛情字典裡沒有羞赧曖昧，只有清楚明白的要或不要。

金牛的愛穩定而踏實，牡羊的愛急促而濃烈，當金牛才剛進入狀況，決定為兩人的未來從長計議時，牡羊已經因為等得不耐煩，轉頭揚長而去，留下漫天飛舞的塵煙伴隨著驚然錯愕的金牛，這就是金牛與牡羊愛情步調的大差異。

在金牛的認知裡，愛情是需要培養的、是應該細火慢燉的、是欲速則不達的，但這些觀點在牡羊看來，全都變成拖垮兩人情愛的致命關鍵。或許，金牛會被牡羊猛烈的激情電力，迷得神魂顛倒、天旋地轉，但那終究是一時的，等金牛大夢初醒，一切回歸原點之後，金牛和牡羊自然就會接受兩人不適合的事實。

◈ 如何吹奏兩人的愛情協奏曲？

　　打從相識之初，兩人就覺得不對盤，若是繼續相處下去，非但情況不易好轉，甚至每況愈下，最後只好以漸行漸遠收場。彼此的性格完全不同，喜好幾乎零交集，沒有共同話題，難以理解對方的思考模式，對於參與對方的生活更是興趣缺缺，所以，如果雙方仍想要攜手共度未來，一定要懷抱著無比的決心和包容力，否則最後還是要說再見的。

讓牡羊動心的祕技 天真坦白，樂觀，不囉嗦。

讓牡羊窩心的禮物 玩具、運動用品、公仔、新上市的商品。

讓牡羊開心的場所 遊樂園、新奇的店、速食店、運動娛樂中心。

金牛 love 金牛

金牛情人沒有搶取豪奪的氣勢，也沒有你死我活的狠勁，但卻有一千度的強烈占有欲，只要對方的眼神因為其他異性而稍微飄移、心思因為若有所思而小幅振盪，立刻醋勁大發，生悶氣、大聲甩門、拒絕親近等招術紛紛出籠，表示嚴重抗議。

喜歡吃美食、美麗的餐廳、有質感的禮物，只要營造具備這些元素的場景，兩人世界頓時如花團錦簇般夢幻美好，感情急速加溫。無論感情再怎麼長久、甜蜜，都不要牽扯到任何的金錢借貸關係，否則晴天馬上變雨天、熱情馬上變冷漠，千萬別挑戰節儉王的底線。

忠心誠懇，深情專注，執著持久，不玩愛情遊戲，一旦愛了就全力以赴，不僅心無旁騖地愛

著對方，而且早已偷偷計畫兩人的未來，相戀、結婚、生子、偕老……即使八字只有一撇，還是覺得開心滿足。

兩人都瞭解對方對自己的忠實、專情和占有欲，穩固的情感像一條堅韌無比的繩索緊緊將雙方纏繞著，表面上的相處看起來平實淡然，其實內心的愛卻濃烈稠密，無人能阻斷破壞。愛的力量讓彼此的眼神分分秒秒都只在對方身上，捨不得離開，而且為了不讓愛情淪為喊口號，早早就拿出誠意，並付諸行動，規畫了一幅有你有我的美麗藍圖，以便攜手合作，共創未來。

但金牛的嫉妒心強，又愛生悶氣，若一方不主動溝通，另一方就算憋了一肚子氣也會繼續冷戰下去，而這樣的處理方式對雙方感情的殺傷力卻極大，有時甚至弄假成真，造成無法挽回的結局，得不償失。

◇ 如何吹奏兩人的愛情協奏曲？

　　要描述兩人在一起的感覺，最貼切的形容就是又愛又恨。當彼此磁場契合、頻率相同的時候，怎麼看怎麼順眼，就算對方講的話無聊至極，也能肉麻當有趣地笑得花枝亂顫，但如果兩人意見不合時，對對方的容忍度立刻降到零度，毫不留情面。所以，不妨多想想對方的優點和兩人曾經共有的甜蜜回憶，等氣消了、怨沒了，自然雨過天晴。

讓金牛動心的祕技 可靠，幽默，有藝術品味。

讓金牛窩心的禮物 藝術品、珠寶、園藝用品、各式招待券。

讓金牛開心的場所 美麗與美食兼具的餐廳、藝術中心、郊外。

金牛 love 雙子

雙子情人的愛情態度被大家貼上「花心」的標籤，但自己對這樣的評價卻不以為然，總覺得自己只不過是真實呈現人性多重愛欲的自然本性而已，大家實在沒必要如此嚴肅正經，更不應該為此亂扣倫理道德的大帽子，不妨輕鬆一點、放開心胸地面對愛情。

幽默風趣成為在愛情世界裡悠遊自得、左右逢源的最佳利器，一旦發現獵物，得手的成功率幾乎高達百分之八九十，懂得善用自己的優勢，是一個聰明、花樣多的愛情獵人。

愛情要讓人愉快，而不是讓人沉重；愛情生活應該精彩豐富，而不是規律穩定；愛情之所以迷人，是因為追求的快感，而不是耐心的等待；愛情最讓人興奮的部分是達陣之前的疾速奔馳，

而不是達陣之後的塵埃落定；愛情最令人回味的是曾經擁有，而不是天長地久。

金牛喜歡雙子的幽默風趣、機智靈巧、辯才無礙，而雙子則佩服金牛的超凡耐力、認真勤奮、美學天分，彼此分屬於兩種完全不同的性格特質，但兩者之間的衝突並不高，甚至存在著相互欣賞的可能性。不過，最大的問題也就是出在這裡，因為愛情最怕的不是碰撞，而是漠然與疏離，而糟糕的是，金牛和雙子的關係傾向於後者。

當金牛發揮所長，為雙子做最完善的規畫和最澈底的執行，雙子總是感謝多於愛情；當金牛苦候貪玩、不安定的雙子時，總是讓雙子覺得壓力重重，很想逃開。金牛無法忍受雙子的蠢動飄移，雙子對金牛的刻板乏味頗有微詞，兩人終究要走上漸行漸遠的歧途。

◈ 如何吹奏兩人的愛情協奏曲？

　　彼此雖然生活領域不同，基本特質亦有差異，但卻因為並非全然的落差和衝突，反而有一種欣賞對方和想要向對方學習的心情。兩人時而以柔克剛或以強扶弱，時而以慢制快或以快帶慢，感覺真美妙。不過，可惜這美妙終究是短暫的，等到時間一久，最初因差異而產生的新鮮感漸淡，回歸原點，不契合的現象也就紛紛浮出檯面了。所以，兩人最佳的相處模式應該是遠觀而不褻玩，保持距離、以策安全。

讓雙子動心的祕技 不黏膩，變換花招，有新鮮感。

讓雙子窩心的禮物 度假招待券、手機、益智遊戲、趣味商品。

讓雙子開心的場所 咖啡廳、百貨公司、旅遊景點、大賣場。

金牛 love 巨蟹

　　巨蟹情人要的愛情是一份包含了溫柔體貼、善解人意、至死誓言的安全感，暖暖的、厚實的、永恆不變的。在真愛來臨之前，害羞、不知所措，沉醉在真愛裡的時候，甜蜜深情，卻又惴惴不安，當真愛確定不移之後，放心安穩，一生奉獻，毫無保留。

　　雖然，兩情相悅的美麗情懷是不可欠缺的，但更圓滿美好的表現應該是再加進像家人一樣的親情，因為那才是不怕洪水猛獸侵襲、不懼天崩地裂破壞的情感，源遠流長，直到永遠。

　　容易猶豫不定，且情緒起伏較大，所以需要對方循序漸進的引導，以及耐心地守候，不適合火力全開的激烈攻勢。兩人爭吵時，無法在第一時刻把思緒理清楚、把話說明白，必須經過一段

時間冷靜思索，才會有答案，對方若一昧強硬逼迫，不但無效，還可能產生反效果。

金牛是一個外硬內軟、不知如何表達情緒的人，而巨蟹恰巧是一個敏銳細膩、善解人意、親切溫暖的人，就算金牛不說、不吭聲，巨蟹也能瞭解金牛的心情約七八成，然後主動表示關心和對症下藥，讓金牛備感窩心，亦使得兩人的愛情指數直線竄升。

偶爾，當彼此意見不合、爭執不休時，溫和的金牛也會耍牛脾氣，柔弱巨蟹也會秀出大蟹鉗，好像準備大戰一場，其實這些都是假裝擺擺陣勢而已，只要有一方的態度稍微軟化，氣氛立刻獲得緩解，前一分鐘兩人還氣得吹鬍子瞪眼，好像恨不得活吞對方似的，後一分鐘就開始你儂我儂、相互安慰，算是一對令人羨慕的契合配對。

◈ 如何吹奏兩人的愛情協奏曲？

　　雙方的契合感是渾然天成的，不矯情，不必刻意培養，即使單純地坐著也覺得愉快，對於某些事或某些狀況能很快地取得共識，不僅愛情指數穩定向上攀升，就連愛情濃度也持續增高，彼此相親相愛的情景羨煞所有人。所以，兩人只要堅持不讓沒事變有事、小事變大事，就能安然無恙地共創美好未來。

讓巨蟹動心的祕技 愛家，關懷體貼，

寵愛。

讓巨蟹窩心的禮物 手工藝品、傢飾品、

仿古傢俱、田園風格商品。

讓巨蟹開心的場所 花店、安靜溫暖的

餐廳、跳蚤市場、懷舊之地。

金牛 love 獅子

　　獅子情人所認定的愛情是轟轟烈烈、濃情蜜意、瘋狂烈愛……總之，就是一個不折不扣的重口味者，一旦陷入愛河，勢必高調地昭告天下，深怕漏掉一耳一目，而此舉的目的不僅是為了享受引人側目、招來嫉妒的得意感，更想讓對方感受到雄渾烈火般的愛意。

　　愛面子又不認輸，即使是自己做錯也不許別人笑，堅持保有尊貴的地位和非凡的氣勢，對方只要懂得順著獅毛梳理，不硬碰硬或逞嘴上之能，一定可以贏得歡心，過著吃香喝辣、橫行無阻的風光生活。

　　雖然有自己的喜好和行事風格，而且有些霸氣、自大，卻不會隨便亂發脾氣，只是一旦對方犯了大忌，引發獅子發火，可能就很難收拾了。

喜歡群聚的熱鬧氣氛，真正為兩人世界所花的時間和心力不多，把情人和朋友放在一起玩樂的模式似乎才是最愛。

金牛不喜歡獅子頤指氣使、一副全天下人都要聽從指揮的老大模樣，但是又不敢直接說出自己心裡真正的感受，只好忍氣吞聲地活在獅子的淫威之下，而獅子看待金牛的角度，的確也就像高高在上的君主和臣服於下的子民，一強一弱，各就其位。

然而，時間果真是最美好的催化劑，金牛和獅子的相處氣氛竟然從不協調慢慢地趨向和諧順暢，金牛開始把獅子的權威感當成自己的保護傘，不僅發揮了遮風擋雨之效，更讓人有一種天不怕、地不怕的強大安心感，即使為了擁有這把保護傘，必須付出一些代價或忍受一些壓力，卻覺得一切都是值得的。

◈ 如何吹奏兩人的愛情協奏曲？

　　兩人性格不相容、氣味不相投、生活不搭軋，從見面的第一眼就在心裡畫一個大叉，接二連三的罵聲從心裡冒出來，只差沒有真的脫口而出，立刻列入不往來的黑名單。但神奇的是，不契合的狀況竟隨著幾次的相處，演變成不打不相識，兩人慢慢理解對方，原本的壞印象也會持續減少，所以，雙方應該試著多給彼此機會去表現各自的優點，如此一來，愛苗就有空間慢慢滋長了。

讓獅子動心的祕技 讚美，順從，玩樂的興致高昂。

讓獅子窩心的禮物 華麗閃亮的飾品、太陽眼鏡、高價精品、皮件。

讓獅子開心的場所 舞廳、五星級飯店、高級俱樂部、狂歡派對。

金牛 love 處女

處女情人的規則多如牛毛，異味止步、指甲不能太長、看書時不能用力折……這些規則讓那些搞不清楚狀況的人動輒得咎，前面那條規則都還沒瞭解透澈，接下來的一句話或一個動作，又馬上又犯了錯，簡直就要把對方搞瘋了，而自己也因為氣到爆青筋而快出人命。

喜歡談有建設性的話題、喜歡具學習價值的活動、喜歡可獲取實質利益的工作，謹慎務實的特質讓愛情變得不怎麼浪漫，但對於個人性格的磨練與成長，倒有極大的幫助。

把親情、友情與愛情切割得一清二楚，無論是自我認知或實際行為，都沒有模糊地帶，執行嚴明，同時也要求對方達到一樣的標準。雖然，愛挑剔，愛叨念，但卻是一個以誠相待、對感情

負責，交往到一定程度即願意與對方攜手共度一生的情感穩定分子。

　　金牛和處女的愛情觀契合得令人驚呼完美，兩人都認為除非真有愛意，否則戀愛不能隨便亂談，更不可曖昧模糊，吹皺一池春水之後，才連聲道歉或倉惶逃離，還有，雙方的進度都不會太快，必需經過觀察、測試、考驗之後，才能做最後的確定，然後，再從「確定」走向「最後的決定」，這段漫長的過程對其他人來說，無疑是一種愛情自殺行為，但金牛和處女卻甘之如飴，因為複雜冗長換來的是絕對的安心牢靠。

　　金牛喜歡勞動，處女喜歡做事，兩個人在一起最開心的事不是整天遊山玩水、吃飯睡覺，而是攜手合作完成一項計畫，這種有意義、有建設性的充實感，才能讓彼此覺得幸福愉快、甜蜜久久。

◈ 如何吹奏兩人的愛情協奏曲？

兩人有共同的性格特質和興趣，什麼話題都能聊，在一起做什麼都覺得開心，對方有的傲人優勢，自己也有，所以可以痛快暢談，而對方有的不為人知的缺點，亦心有戚戚焉，所以不必費心遮掩，感覺特別輕鬆自在，算是一組契合的配對。但要注意的是因為同質性高，怕日長生膩，因此必須特別用心經營，才能長久維持下去。

讓處女動心的祕技 有禮貌，乾淨整齊，

知性話題。

讓處女窩心的禮物 健康用品、有機

食品、筆記本、精美日用品。

讓處女開心的場所 強調健康概念的

餐廳、聽演講、博物館、書店。

金牛 love 天秤

　　天秤情人是標準的「外貌協會」，除了自己愛美、注重形象之外，就連情人的長相、氣質、穿著打扮，甚至生活品味，都要一併列入考慮，只要稍有差池就淘汰，平時喜歡當濫好人，為了顧全大局，總是鄉愿妥協，但與外形有關的部分絕不會委屈求全。

　　讓這個人滿意了，可能那個人就生氣了，同意了這邊的要求，就等於拒絕了那邊的好意……最怕陷入兩難的矛盾情緒，一遇到需要抉擇的場面，不是刻意敷衍，就是隱遁逃避，直接來個不問不理。

　　對於愛情的態度是柔軟清爽，而不是濃厚強烈，即使是情人之間的相處，也只像一陣舒爽輕柔的風，或像一條澄淨透明的溪水，或像時而淡

香、時而無味的空氣，絕不是熾茂燄盛的烈愛，也不是糾糾纏纏的熱情，和一般人對愛情的期待大不相同。

金牛和天秤只能同甘、無法共苦，只能一起分享美的感受，無法一起面對醜陋的事實。表面上看起來，金牛和天秤有極為相近的興趣嗜好，譬如說金牛喜歡美味的食物和美麗的事物，天秤亦熱衷此道，金牛強調美好舒服的氣氛，天秤也很重視，但其實兩者之間其實存在著基本的不同，因為金牛要的是真實的擁有，而天秤求的卻是外表的形象，前者是物質，後者是精神，方向迥異。

金牛需要的，天秤給不了，天秤期待的，金牛做不到，彼此雖然可以和平相處，卻很難發展到情感深厚、水乳交融的程度，也就是說，兩人似乎比較適合當好朋友，而不是必須相互扶持、體諒的情人。

◈ 如何吹奏兩人的愛情協奏曲？

彼此之間好像隔著千山萬水，只能遙遙相望，不太有機會親近對方，而雙方也的確都沒什麼相互接觸的意願，屬於感情難以培養的組合。每次好不容易努力把兩人送作堆，卻又狀況連連，不是一方莫名地礙著了另一方，就是雙方互不給好臉色，實在難相處，所以，兩人特別需要學習摒除成見與耐心溝通，才有可能進一步往好的方向發展。

讓天秤動心的祕技 溫和，精心打扮，

熱情。

讓天秤窩心的禮物 時尚精品、香水、

音樂盒、設計師名品。

讓天秤開心的場所 優雅的咖啡廳、

流行商品店、名牌店、音樂廳。

金牛 love 天蠍

　　天蠍情人的愛情是濃密厚實、是深沉入裡、是專心一志、是飛蛾撲火、是欲念橫流……是沒有做好心理準備就陷落的人，承受不起、也消化不了的。滿滿一缸醋罈子，隨時等著打翻，對情人的精神與肉體施以同樣嚴格的控管，連一點細縫都不留。

　　疑心病重，心思縝密，觀察力過人，喜歡追根究柢，對方只要有一點不對勁，便立刻著手調查，而且是暗中偵察，絕不會做出打草驚蛇的傻事，非要查個水落石出不可，並保證讓對方心服口服。

　　只要認定了一個人、一段感情，再多犧牲奉獻也覺得心甘情願，最痛恨欺騙和背叛，對方若膽敢在背後亂搞，即使僅有一次，也會立刻被判

死刑，不但永無翻身之日，還可能遭到嚴厲的懲罰和報復，是一個占有欲極強、寧為玉碎不為瓦全的激情分子。

金牛是一個對方如果說要往東，就絕不會自作主張往西的人，個性耿直、老實、規矩，即使受了委屈也只是隱忍，而天蠍則是極具自我主張，愛恨分明，掌控欲強烈，不能忍受被人侵犯，如果受到攻擊或欺侮，一定會想辦法討回公道。

金牛溫吞和善，天蠍狂熱烈焰，當金牛只想先試試水溫，再慢慢培養默契和感情時，天蠍卻一股腦地把所有濃情全都灌注到金牛身上，讓一向走循序漸進路線的金牛驚慌失措，立刻把天蠍設定為危險人物，從此敬而遠之。老實說，金牛的確會被天蠍的神祕魅力吸引，但只要一想到對方激烈的求愛方式，立刻就又打了退堂鼓，不再奢想。

◈ 如何吹奏兩人的愛情協奏曲？

　　一開始就注意到對方，但沒有好感，看不順眼，隨口就可以講出對方千百個令人討厭的缺點，沒想到慢慢地，越看越有趣，臉上笑容變多了、心變柔軟了、喜上眉稍的感覺藏不住了，冤家變親家，一段致命吸引力的情緣從此展開……既然彼此真有愛意，就應該多包容、多站在對方的立場思考，相互磨合修整，互斥自然就變成了互補，美麗圓滿。

讓天蠍動心的祕技 自信，循序漸進，不探隱私。

讓天蠍窩心的禮物 精油蠟燭、偵探小說、占卜工具、神祕學書籍。

讓天蠍開心的場所 電影院、幽靜木林區、具靈異氣氛的場所。

金牛 love 射手

　　射手情人無法在兩人世界耽溺太久，才相處幾天，立刻把平時陪在身邊瞎混瞎聊的好友拉攏過來，一起吃喝玩樂、遊山玩水，從兩人世界變成三人，再變成六人、十人……最後狐群狗黨全都上場，明顯多了插科打諢的歡樂氣氛，但浪漫的愛情氣息則蕩然無存。

　　沒有定性，所以無法和同一個人膩在一起太久；熱愛自由，所以無法被同一段情感長時間束縛；討厭壓力，所以無法給出一個具體的承諾。絕大部分的基本特質與愛情本質是相悖的，且改變不易。

　　因為自己開朗樂觀、大方豪邁，因此希望對方也是個正向陽光、心胸開闊的人，如果一天到晚只在乎小細節、只是唉聲嘆氣、只想緊迫盯人、

只吵著要兩人獨處、只懂得用恐嚇威脅、只會說一些假裝讚美的應酬話，那麼，兩人的結局恐怕凶多吉少。

金牛想要約束射手，難度猶如登天，射手想要用笑話逗金牛開心，尷尬的狀況就像對牛彈琴，顯然雙方的性格特質是有很大落差的。金牛看著東奔西跑、不知在忙些什麼的射手，覺得很沒有安全感，而射手則認為一天到晚只懂得努力工作、不知如何享受人生的金牛，十分可悲，兩個人很難找到交集，關係疏離。

金牛需要一個專情又踏實的情人、一個忠誠而長久的伴侶，光是這基本的要求，射手就絕對辦不到，因為射手熱愛自由，寧可冒著被好幾個情人同時追殺的風險，也不願意乖乖地、長時間地和同一個對象綁在一起，所以，金牛只好另尋目標，射手只好瀟灑道別。

◈ 如何吹奏兩人的愛情協奏曲？

大部分的時候，雙方就像兩條平行線，很難有交集，既不想知道對方的任何訊息，也不可能主動關心對方，總是各自為政、互不搭理。因為彼此沒有互動的渴望，所以即使有接觸的機會，也很難建立在愛情上。基本上，要兩人相安無事地相處，並非難事，反而要培養出情投意合的愛意是比較不容易的，所以，一定要不斷地運用各種方式激發出自己與對方的熱情，才有可能長相廝守，直到永遠。

讓射手動心的祕技 不約束，講笑話，活動力強。

讓射手窩心的禮物 旅遊用品、太陽眼鏡、笑話書、民族風飾品。

讓射手開心的場所 具異國風情的餐廳或景點、同樂會、大自然。

金牛 love 摩羯

摩羯情人凡事追求踏實安定，即便遇到以夢幻浪漫為本質的愛情，亦不改其堅定不移的態度和立場，一旦決定與某人交往，必是以結婚為前提作考慮，認真程度一如面對工作時的嚴謹負責，而且備有長期周詳的愛情計畫，絕不輕言兒戲。

表面看起來穩健自信，其實內心摻雜著脆弱悲觀的性格，需要身邊的人時不時地給予肯定和鼓勵，才得以抒解壓力和排解苦悶，繼續努力向前，所以情人必須扮演多重角色，既要是溫柔體貼的情人，也要是善於傾聽兼加油打氣的心靈導師。

不懂享受，毫無情趣，更惶論花錢花心思買生日禮物、過情人節或為紀念日慶祝，舉凡基本生活需求之外，一切從簡，認為真正的愛情應該

是兩個人老老實實地同甘共苦，而不是不知民間
疾苦地拚命享樂。

　　金牛一看到摩羯就有說不出的熟悉感，彼此
的性格相近、興趣雷同，就連行動速度和做事方
法都如出一轍，在愛情的世界裡，更是默契絕佳
的完美配對。金牛一旦認定了對方，便堅貞守德、
從一而終，而摩羯向來推崇以結婚為前提的愛情
模式，兩人的時間全都用來培養情感，不必像其
他情侶那樣經歷猜疑、衝突、扯距、爭吵等痛苦
的情緒，一切狀況看來皆是水到渠成，令人稱羨。

　　金牛和摩羯無論是愛情觀或金錢觀都十分理
性，絕不會為了討對方歡心而花費大量的時間和
金錢，雙方都認為只要彼此真心相愛，而且能一
起看著存款簿裡的財富越來越多，就是愛的真諦。

◈ 如何吹奏兩人的愛情協奏曲？

初見對方的感覺，即使沒有如天雷勾動地火般的激烈，一定也有小鹿亂撞、心跳加快那種被愛神之箭射到的甜蜜感覺，簡單地說，就是好感說不完的一見鍾情。兩人才相處三天就像認識了三年似的，完全不需要適應期，也沒有使人感覺不快的隔閡，任何困難都可攜手共度，相知相隨，親暱熱切，情感濃烈的幸福程度，讓所有人都羨慕不已。

讓摩羯動心的祕技 言之有物的談話，端莊，正面思考。

讓摩羯窩心的禮物 名牌皮件、經典文具、實用的傢俱、古董。

讓摩羯開心的場所 山區、公園、郊外、書店、古蹟、博物館。

金牛 love 水瓶

　　水瓶情人常因博愛精神而被認定為花心大蘿蔔，其實這性格特質與愛情是無關的，必須分開來看待。在還沒確定一段感情之前，廣交異性，來者不拒的行為，的確容易被當作遊戲人間的花蝴蝶，可是一旦定下來之後，則自然會收斂許多，只留唯一的真愛。

　　無論在思想或行為上，都追求最大限度的自由，只要有一點拘束限制的感覺，立刻毫不客氣地變臉走人，寧可放棄甜蜜的情愛、契合的交流、溫暖的陪伴，也要爭取自我應有的空間。

　　聰慧、自我、創新，所以特別喜歡反應快、有想法，而且夠獨立的對象，不管大部分人的愛情模式和規則是什麼，只願意接受讓自己覺得舒服快樂的方式，即便可能因此引發爭端、招來非

議，仍堅持繼續試探衝撞，直到雙方找到相同的頻率為止。

金牛和水瓶在一起的畫面，就像一個穿蓑衣、戴斗笠的古代人，和一個頭大身小、頻頻發出電波的外星人，彼此看對方都覺得又奇妙又怪異，兩人明明靠得很近，而且拚盡全力想跟對方溝通，卻總是怎麼樣也搭不上線，徒勞無功。金牛一旦進入愛情世界，便將自己的全部奉獻給對方，真心付出、誠摯以待，所以，當然也希望對方能同樣地專心一志，相互信任扶持，攜手一起走向未來。

然而，以叛逆、崇尚自由聞名的水瓶，根本不理會什麼真心誠意之類的老套招術，要愛就愛、要分就分，隨心所欲。金牛和水瓶是本質的反差，若勉強相愛，勢必有一場硬仗要打，彼此都需有心理準備。

◈ 如何吹奏兩人的愛情協奏曲？

　　無論談什麼話題，不是各持己見，就是相互批評，根本是話不投機半句多，對生活的態度，一個灑脫一個嚴謹，對愛情的認知，一個開放一個收斂，簡直是秀才遇到兵，有理講不清，實在很難溝通。兩人之間最欠缺的就是傾聽對方心裡的聲音，若只是一昧地表達自我想法或堅持自我主張，恐怕連和平相處都有困難，更不可能談情說愛了。

讓水瓶動心的祕技 獨立，以退為進，培養相同興趣。

讓水瓶窩心的禮物 最新科技商品、科幻小說、漫畫書、奇特商品。

讓水瓶開心的場所 3C賣場、天文館、可觀星的郊外、展覽會。

金牛 love 雙魚

雙魚情人希望自己二十四小時都能在愛情海裡悠遊，不用管生活的壓力、煩人的工作、複雜的人際，只要整天和情人黏在一起，你儂我儂、甜甜蜜蜜，就等於擁有了無與倫比的快樂。

情緒是混雜的，情感是曖昧的，搞不懂自己到底想要什麼，說不清自己到底愛誰比較多，一旦處於質詢逼問的緊繃場面，只會選擇逃離，留下關係糾纏交雜的爛攤子。生性膽小怯懦，學不會拒絕，也不懂得分寸和自制，特別容易被人騙，或在不知不覺中騙了別人。

愛聽對方講心事，也喜歡講自己的故事給對方聽，快樂時一起大笑，悲傷時一起落淚，情感被交融得濃稠緊密，從此認定那就是浪漫情懷、就是千金萬金買不到的至愛真情，但誰知過幾天

又遇到情投意合的對象，所有夢幻感性重新再來一遍，彷彿沒完沒了的情愛輪迴。

以金牛直線的思考和固定的做事方式，實在無法應付性格複雜或詭譎多變的人，尤其愛情本是一件美好的事，如果還要加入爾虞我詐、你攻我防、猜忌鬥智，似乎等於完全變調，根本無法讓人感覺甜蜜愉快，那還不如獨善其身還比較輕鬆呢！

金牛喜歡雙魚的柔軟、體貼、善良和單純，彼此的性格雖不盡相同，卻有契合的關鍵部分，而這就是雙魚讓金牛覺得舒服迷人的地方。金牛情緒不佳時，只會生悶氣，不懂得抒發，這時雙魚卻能以柔克剛，循循善誘地引導金牛做適當發洩，讓金牛有一種像咳出千年老痰般的舒暢快活，兩人的愛情若好好經營，的確有機會天長地久。

◈ 如何吹奏兩人的愛情協奏曲？

　　一開始的感覺很普通，沒有心花朵朵開的浪漫感，也沒有不屑鄙視的嫌惡感，就像一般朋友。但隨著時間地積累，慢慢日久生情，好感度逐漸增加，到最後甚至有越陳越香的態勢，算是滿契合的一對。所以，雙方相處的重要關鍵在於突破初識的生疏、猜忌、冷漠，只要成功進入互有好感的第一階段，之後就能一起登上愛之船，遨遊愛之海了。

讓雙魚動心的祕技 浪漫溫柔，主動，體貼。

讓雙魚窩心的禮物 手製卡片、花、水晶飾品、巧克力、宗教飾品。

讓雙魚開心的場所 海邊、有月光的公園、動物園、靈修場所。

12 星座之天使與魔鬼

天使牡羊：熱心，真誠

　　　　　　　　　　魔鬼牡羊：粗暴，衝動

天使金牛：溫柔，可靠

　　　　　　　　　　魔鬼金牛：頑固，耍牛脾氣

天使雙子：風趣，資訊達人

　　　　　　　　　　魔鬼雙子：花心，沒原則

天使巨蟹：奉獻，善解人意

　　　　　　　　　　魔鬼巨蟹：濫情，猜疑

天使獅子：大方，誠懇

魔鬼獅子：權勢，剛愎自用

天使處女：服務，負責

魔鬼處女：批判，規矩多

天使天秤：優雅，妥協

魔鬼天秤：推拖，好逸惡勞

天使天蠍：專心，堅持

魔鬼天蠍：嫉妒，報復

天使射手：開朗，直率

魔鬼射手：直言，不切實際

天使摩羯：勤奮，謙遜

魔鬼摩羯：刻板，現實

天使水瓶：創新，人道精神

魔鬼水瓶：抽離，冷漠

天使雙魚：愛心，關懷

魔鬼雙魚：混沌，說謊

PART 5

12 種上升星座，12 種金牛

除了基本的太陽星座，

上升星座在深入探討性格時也會被談到，

它會影響了個人的相貌特徵和外型氣質，

還包括呈現給別人看的性格面具。

上升星座查詢連結（需要輸入出生年月日時間及地點）

https://www.astrotw.com/horoscope/asc

上升星座落在牡羊的金牛

上升牡羊的相貌特徵

- ✪ 頭部比例明顯較大
- ✪ 不高大，但具結實感
- ✪ 手掌和腳掌比例較小

上升牡羊的外型氣質

- ✪ 精力旺盛，急躁直率
- ✪ 眼神中透出天真單純的氣息
- ✪ 直言，自然，不做作

上升牡羊的人，就像不經困境、不克服挑戰就覺得不夠痛快的勇士，精神振奮、生氣勃勃，全身散發著旺盛的精力和無懼的勇氣，行動迅速

敏捷，隨時處於征戰狀態，有強烈的競爭和好戰意識，見一個打一個、見兩個打一雙，企圖以具體行動來證明自己的實力。

上升星座落在牡羊的金牛，表達力容易出現障礙，自我認知無法與別人的感受連接在一起，當自己認為說得真誠坦率、明白透澈，對方卻往往覺得那根本是一種未經修飾的直接，傷人於無形。

常常在第一時間下了決定後又立刻反悔，總要在衝動行事與信心搖擺之間來回好幾趟，外表看起來像是乾脆爽快的人，其實內心充滿了不安，需要反覆思考或他人背書，才能下定決心。

重視物質生活甚於精神生活，如果可以名利雙收當然是最好，但若只能擇一，對於利益的追求渴望又大於名聲地位，是一個能把錢握在手上就覺得安心滿足的人。

上升星座落在金牛的金牛

上升金牛的相貌特徵

★ 身材比例均勻而厚實

★ 下巴、脖子的線條優美

★ 成年後有容易變胖的傾向

上升金牛的外型氣質

★ 溫和，不多話

★ 情緒穩定，動作緩慢

★ 有時會顯露出無喜的模樣

上升金牛的人，讓人感覺穩重溫和、緩步優雅，做起事來不疾不徐，既不懂得趨炎附勢，也不隨波逐塵，有自己的步調節奏和原則方法，凡事強調事前規畫與嚴格執行，絕不會讓怠惰壞了大事；喜歡一切與美麗有關的事物、氛圍、感覺，具有一定程度的生活品味。

上升星座落在金牛的金牛，辛勤耕耘、踏實穩健，即使四周氛圍如繁花似錦、鑼鼓喧天般熱鬧，仍不改原有的務實風格，不受豐厚利益誘惑，也不被他人甜言蜜語搧動，堅定如千年之石。

生活中一切吃的、用的、穿的、看的、感受的，必須同時兼具美麗的外形和高貴的質感，而且鉅細靡遺，絕不馬虎。對於藝術有獨特的鑑賞力，適合從事與藝術欣賞、收藏、學習等相關的工作。

一旦決定的事就很難再改變，即使身旁有許

多人熱心提點，甚至在過程中已顯露敗壞之象，卻仍無法動搖其堅定不移的初衷，非要走到最後一步才願意低頭認輸，堪稱冥頑不靈第一名。

上升星座落在雙子的金牛

上升雙子的相貌特徵

✪ 肩膀寬厚，肩線明顯

✪ 手指靈活或比一般人長

✪ 大多有視力的問題

上升雙子的外型氣質

✪ 反應靈活，動作敏捷

✪ 表情多，愛說話，且速度很快

✪ 情緒變化快

上升雙子的人，反應靈巧機敏，頭腦轉速是他人的好幾倍，對於周遭人事物的感知力甚強，隨機應變、見風使舵是不費吹灰之力就能運用得宜的拿手絕活；聰慧俐落、點子多，對於知識與資訊的吸收消化能力特別強，經常在團體中扮演訊息交換者的角色。

　　上升星座落在雙子的金牛，雖然心思多變，常有突發其想的點子，但還是會依循某些規則而行，即使遇到引誘或干擾，也不致於出現失控的狀態，是一個外表隨興、內心篤定的人。

　　專注厚實的情感只用在自己真正在乎的人身上，與其他一般人互動時，表面看起來親切隨和，其實情感疏離，付出的關心有限，不善於經營人際關係，容易因表達方式不當而被誤解。

　　對於從四面八方而來的訊息，絕不會衝動地、盲目地全盤接收，而是會先冷靜地審視一番，再

做下一步決定，雖然消化資訊的時間會長一點，
但周全的分析總能換來最正確的選擇，也算值得。

上升星座落在巨蟹的金牛

上升巨蟹的相貌特徵

★ 胸部寬厚、凸顯

★ 皮膚細緻，身材豐腴，
  屬易胖體質

★ 重心在上半身

上升巨蟹的外型氣質

★ 眼神明亮，含水感

★ 情緒起伏大

★ 沒有侵略性

上升巨蟹的人，給人一種害怕陌生、畏縮膽怯的印象，但本身親和力十足，總是在他人低潮

受困時大方伸出援手；對於喜樂哀怒的情緒轉換掌控制能力不佳，易情緒化；重心大多放在自己家庭，或與家庭有關的事務上，例如為家人打理大小事宜，甚至為家人犧牲奉獻等等。

上升星座落在巨蟹的金牛，情感忠實、細膩、豐沛，生命裡許多重要的事都跟情感有關，有時因為情愛而開心滿足，有時因為情愛而煩惱痛苦，在情感漩渦中打轉，有失亦有得。

給人的一般印象是溫順有禮、和藹可親，但若遇到自己有所定見或已下定決心的事情時，立刻展現嚴肅固執的一面，傾全力捍衛自我的堅持，甚至有越是被反對就越要硬撐下去的執念。

雖然有原則、有規畫、有理想，但在堅毅的外表下，仍會不經意地透露出猶豫的情緒和自信不足的心態，容易產生挫折感，需要他人不斷讚美與鼓勵，才有勇氣一直走下去。

上升星座落在獅子的金牛

上升獅子的相貌特徵

- ✪ 頭較大，頭髮自然捲，肉結實
- ✪ 眼睛大而圓，且眼角向上揚
- ✪ 成年後有容易變胖的傾向

上升獅子的外型氣質

- ✪ 眼睛炯炯有神，氣勢凌人
- ✪ 光明磊落，精神奕奕
- ✪ 開朗，愛表現

上升獅子的人，自認是天生活在舞台上、被聚光燈追著跑、擁有眾多支持者的王者，活力充沛、自信滿滿、開明華麗，隨時隨地都在想辦法引起他人的注意，自尊心十分強盛；領導才能突顯，而且架勢十足，自願扛起指揮坐鎮的重責大任，同時享受被人愛戴尊崇的榮譽。

上升星座落在獅子的金牛，這是外放與內斂、招搖與低調、熱絡與沉靜的組合，性格的基調是對比的，情緒的表達是衝突的，面對的態度是截然不同的，因此展現在外的特質也容易變得矛盾怪異。

對於金錢的掌控能力不佳，有時過於吝嗇小氣，有時又過於揮霍浪費，不懂得如何拿捏其中的準則，使得自己的財務狀況時好時壞，深受其擾，卻又一直改不了既有陋習，常在掙扎的情緒中度過。

喜歡帶有華麗感或優質美感的藝術，不但經常欣賞他人的作品，自己同時也具備了充沛的創造力，靈感泉湧時，即立刻著手創作，頗具行動力，絕不偏廢對精神生活的追求。

上升星座落在處女的金牛

上升處女的相貌特徵

- ✪ 骨感,身材比例細緻
- ✪ 下巴較尖或較瘦,嘴巴較小
- ✪ 屬於乾性膚質

上升處女的外型氣質

- ✪ 清爽整齊,有禮貌
- ✪ 拘謹,小心翼翼
- ✪ 隨時注意任何細節

上升處女的人，端莊有禮、心思細微、嚴謹務實、認真負責，符合一般社會化標準的期待，容易給他人留下良好的第一印象；組織力和分析力特別強，可以在極短的時間內，把一件事從亂無章法整理成井然有序的系統化，被公認為精練能幹的效率達人。

上升星座落在處女的金牛，大小事都打理得井然有序，所有規矩和計畫會在事情開始執行前八百年就定好，不但步驟詳盡、流程順暢，而且就連可能的風險和解決方案也都設計妥當，簡直完美無瑕。

不論是面對自己設定的目標，還是他人交付的任務，都是一樣的認真負責，並且，在分析力和執行力雙重保證的加持下，往往可呈現效率驚人的高水準演出，從不令人失望。

標準的物質主義者，特別重視每一項工作、任務的投資報酬率，在著手進行之前，如果沒有得到明確的承諾或答案，絕不會做出「先做了再說」的傻事，避免事後吃悶虧。

上升星座落在天秤的金牛

上升天秤的相貌特徵

✪ 身材適中，骨架勻稱

✪ 下巴多有稜角，雙唇飽滿

✪ 穠纖合度，不易過胖或過瘦

上升天秤的外型氣質

✪ 舉止優雅得體

✪ 有親和力，給人舒服的感覺

✪ 口才好，具社交手腕

上升天秤的人，優雅迷人、強調公平原則、善於社交，除非遇到過於不合理的狀況，否則大多會選擇配合他人，以避免製造不愉快的爭端；必須存在於人群團體之中，才會有安全感，無論做什麼都喜歡有人陪伴，藉著與他人的互動，感受自身的需求與心理狀態。

上升星座落在天秤的金牛，對於美的感受力具獨特天分，對於生活品味特別要求，從正式場合到平時的吃喝玩樂、食衣住行，絕不馬虎隨便，追求美的境界，不遺餘力。

對財務的掌控能力不差，表面上看起來是一個出手闊綽、花錢不眨眼的奢侈者，其實同時也是努力賺錢、生財有道的人，不會把錢死守在口袋裡，力行有出才有進的金錢哲學。

人際關係呈現開高走低的走勢，與人初識時，親切溫和的態度極易贏得好感，但相處一段時間

後，過分的執念與過度的物質欲望，可能引發他人的反感，友好關係難維持。

上升星座落在天蠍的金牛

上升天蠍的相貌特徵

★ 沒什麼腰身，臀部豐滿

★ 毛髮烏黑又濃密

★ 眼神深邃神秘

上升天蠍的外型氣質

★ 獨特的神秘魅力

★ 話不多，冷酷靜默

★ 性感，悶騷

上升天蠍的人，習慣將真正的情緒藏於內心，外表冷靜內斂、沉著鎮定，與他人之間彷彿隔著一道銅牆鐵壁，堅硬厚實，難以攻破；獨特的神祕魅力、堅忍不移的專注力、無法撼動的意志力，組合成一股凡人難敵的吸引力，靜謐卻幽遠地影響著身邊的每一個人。

上升星座落在天蠍的金牛，對於未知的看法總是悲觀的時候多於樂觀，即使已經做好萬全準備，一定也會同時做最壞的打算，提前備妥危機處理的方案，讓自己覺得踏實些，並降低恐懼指數。

嫉妒心十分強烈，喜歡與他人比較能力、成就和際遇，只要稍有落後，便好強地拚命想贏過對方，而且具有君子報仇、三年不晚的雄心壯志，不拿到那一面象徵勝利的旗幟，絕不放手。

對於自己所做的每一個決定，總是心意篤定、勇往直前、不輕易回頭，就算身邊的人說破了嘴勸說阻擋，或居心叵測的小人在一旁利誘威嚇，皆不為所動，堅持自己的事自己負責，不受任何人左右。

上升星座落在射手的金牛

上升射手的相貌特徵

☆ 身材重心在下半部

☆ 大腿特別結實

☆ 怕熱，容易出汗

上升射手的外型氣質

☆ 帶著一點喜感，很開心

☆ 笑聲大，笑容燦爛

☆ 粗線條，常跌倒或打翻東西

　　上升射手的人，永遠是那麼快樂無憂、精神奕奕、瀟灑自在，雖然也常被粗心大意或隨興而起的性格所害，但終究是一個樂觀主義者，所有煩惱皆能轉頭就忘，完全不留痕跡；喜歡學習、

交朋友和旅行，善於發揮正面的能量，並努力以行動實踐自己的理想。

上升星座落在射手的金牛，在人前展現海派瀟灑的一面，其實心底緊張得要命，不時盤算著如何收拾隨口誇下豪語的殘局，是一個容易不小心佯裝大方，事後卻難以實踐諾言的人。

經常發生搞不清楚輕重緩急的狀況，明明應該第一優先處理的事，卻視若無睹、聽若罔聞，反而卯起來忙一些無關緊要的事，令人為之氣結，而且還屢勸不聽，毫無悔改之意。

誠摯、溫暖、正直，只要一拿到好東西就急著找人分享，真誠的表現令人十分感動，雖然，偶爾還是會有不夠細心、自以為是、表達技巧不佳之類的小毛病，但在眾人心中的整體印象仍是正面的。

上升星座落在摩羯的金牛

上升摩羯的相貌特徵

- ✪ 骨架大，肌肉結實
- ✪ 皮膚顏色較深，髮質較粗
- ✪ 身材大多屬於清瘦型，

  不易發胖

上升摩羯的外型氣質

- ✪ 嚴肅，表情不多，沉靜
- ✪ 帶著一股憂鬱氣質
- ✪ 少年老成的模樣

上升摩羯的人，外表看起來比實際年齡成熟，散發一種不開心的憂鬱特質，讓人覺得拘謹嚴厲，不易親近；做事循規蹈矩、勤奮不懈、嚴守分際，標準的實際主義者，不浪費時間在沒有實質獲利的事情上，付出一分耕耘，就要有一分收穫，不占人便宜，但也不吃虧。

上升星座落在摩羯的金牛，頗具想法和定見，平時努力累積、默默耕耘，為的就是等到天時地利人和那一天，全力出擊，打一場準備多時、期待已久的漂亮勝仗，讓所有人的眼睛為之一亮。

物欲、執念頗深，成為進步的一大阻力，一心想把所有喜歡的東西都握在手上，從此緊抓不放；只想享受「贏得」的勝利快感，卻不懂得「捨得」的快樂與滿足，對於物質與精神的追求，極度不平衡。

從不相信一蹴可及的天方夜譚，所有的成就都來自本身的努力，不假手他人、不靠運氣幫忙，就算再苦再累都無怨言，踏實穩健、謹言慎行，一切的行為表現，從不令人擔心。

上升星座落在水瓶的金牛

上升水瓶的相貌特徵

⭐ 身材比例姣好

⭐ 手和腿的曲線優美

⭐ 皮膚細緻白皙

上升水瓶的外型氣質

⭐ 帶著靈氣的獨特美感

⭐ 思緒清晰，說話條理分明

⭐ 冷靜，有自己的想法

上升水瓶的人，低調冷漠、古怪獨特，不喜歡惹人注意，總是站在遠離核心的邊陲地帶，以冷眼旁觀的姿態看著一大群行為模式相同的人，

我行我素，需要百分之百的自由；對於與人類福祉相關的活動特別熱衷，是一個極具博愛精神的人道主義者。

上升星座落在水瓶的金牛，本質是循規蹈矩的老實人，但偶爾受到一些外在刺激，例如某人的一句話、電影的某個畫面、現實生活的某個場景⋯⋯會突然變得大膽不羈，但持續不了多久，又會打回原形。

有時候明知別人的勸告、長輩的教導、自己的直覺提醒都是對的，卻還是忍不住往火坑裡跳，等到弄得渾身是傷的時候，才懊悔痛苦，已經來不及了，大勢已去，救不回失去的一切。

雖然不是一個主動、熱情的人，但如果有人提出援助要求，便會拿出助人的誠意，盡己所能地幫助對方，不過，也不會因為逞強而做出自己無法負荷或承擔的事，盡力而為就是最大的限度。

上升星座落在雙魚的金牛

上升雙魚的相貌特徵

✪ 頭的比例較小，髮質柔細

✪ 眼睛大，但是無神

✪ 膚質好，腿細長

上升雙魚的外型氣質

✪ 眼神時而迷濛、時而無辜，

　很會放電

✪ 夢幻，膽怯，心不在焉

✪ 情感豐富，易被影響

上升雙魚的人，愛幻想、情感豐沛、靈氣逼人，散發著惹人憐愛的溫柔氣質，對於音樂和藝術的感受力遠遠超越一般人，但容易產生悲觀的

想法，自信不足，怯懦膽小；配合度高，沒有強烈的企圖心，不喜歡沉重的責任和競爭的壓力，追求形而上的精神生活。

上升星座落在雙魚的金牛，無論做影響深遠的大事，還是日常生活的小事，都一樣慢吞吞，沒有時間觀念，一天到晚因為遲到或拖延被人唾棄、謾罵，卻還是無法改掉惡習，被認定是一個沒有效率的人。

心思細膩，對人和善寬容，沒什麼原則，判斷力又不足，容易受有心人士擺布，而且無法記取教訓，總是一次又一次被騙、被傷害，像一個老是被欺負，卻又無力還擊的可憐蟲。

藝術天賦極高，尤其與生俱來的美感，更是無人能敵，就算沒有專業的訓練或長期的培養，也能展現慧眼獨具、超凡過人的品味，很適合從事與藝術相關的行業，可名利雙收。

PART 6

怎麼辦？金牛～

人不可能永遠遇到好人或只與自己契合的人相處，
一旦遇到令自己覺得不舒服、厭惡、痛苦的人，
該怎麼辦呢？
這裡的求生術將帶你脫離苦海，
打造美麗人生！

遇到急躁牡羊，怎麼辦？金牛～

　　牡羊什麼事都等不得，只恨自己沒有三頭六臂，像什麼慢活、靜心之類的勸戒之言，對牡羊來說，簡直是磨死人不償命的爛建議，心想：我連衝鋒陷陣的時間都嫌不夠、連冒險刺激的快感都還沒享受過癮，哪有時間慢慢來，太多目標等著征服、太多理想等著實現，只有快、再快、最快的節奏，才能讓牡羊感覺暢快淋漓。

　　金牛不疾不徐、強調慢工出細活的人生哲學，看在牡羊眼裡，真是一大折磨，但金牛卻仍堅持信念，緩步前行，不受絲毫干擾。

　　當金牛遇到牡羊時，不必把對方的快速當成壓力，更不要被對方的氣勢嚇到，最好運用以時間換取空間的策略，一段日子之後，細緻的品質與紮實的能力將成為翻盤的最佳武器。

遇到頑固金牛，怎麼辦？金牛～

金牛看待「下決定」這件事，就像許多人對婚姻大事的看法一樣──考慮再考慮，絕不可兒戲。所以，在下決定之前，總要前思後想、左推敲右揣測，深怕一個不注意，把某處的關鍵細節遺漏了，功虧一簣、悔不當初。等到下定離手之後，便排除任何更動的可能性，即使一路上風雨飄搖、雷電交迫，仍不改其原定方向，始終如一。

兩個頑固的人在一起，當目標方向一致時，步伐協調、一鼻孔出氣，威力無窮，但若意見分歧、互不苟同時，就像兩條平行線，沒有交集，誰也不讓誰、誰也不挺誰，只能各自努力，無法互補。

當金牛遇到金牛時，應該盡量控制自己的牛脾氣，把耳朵打開、把眼睛睜開，多聽聽對方的想法，接下來的發展將會出乎預料的美好。

遇到不可靠雙子，怎麼辦？金牛～

雙子往往說的比做的多，尤其在承諾方面，更是不折不扣的反指標，只要雙子自信滿滿、拍著胸脯、語氣堅定地說:「沒問題！」那一定會變成百年懸案，因為雙子對於自己說過的話，總是一轉頭就忘，負責任這件事從未出現在人生字典裡，就算他人耳提面命、千叮萬嚀，雙子仍然可以一派輕鬆地把所有責任忘得一乾二淨。

金牛老實可靠，一生最重要的工作就是執行他人委託的事，以及完成已設定的任務，堅持品質、堅守崗位，力求百分之百的達成率。

當金牛遇到雙子時，千萬不可把對方視為同一族類，更不要有所期待，最好僅在與自我利益有關的範圍裡做適當努力，其他的部分則先有最壞的打算，才不致於發生過度失望的情形。

遇到耽溺巨蟹，怎麼辦？金牛～

　　巨蟹喜歡活在懷舊的回憶裡，因為在可愛的童年時光、青澀的少年時期、與家人緊緊相依的溫暖氣氛、和好友融洽相處的所有美好記憶裡，最讓巨蟹覺得舒服、自在和安全。巨蟹較為悲觀，凡事容易往壞處想，解決問題的能力和抵抗困難的決心，明顯不足，只要一遇到不順心的事就往蟹殼裡鑽，無法勇敢面對。

　　金牛的情緒很內斂，給人沉穩可靠的印象，而巨蟹則是相當情緒化，尤其處於心情沮喪時更加明顯，身邊的人常有被莫名波及之感。

　　當金牛遇到巨蟹時，雖然常會被對方的猶豫不決和杞人憂天搞得心煩意亂，但偶爾也應該注意一下對方的優點，譬如親切、善於傾聽、敏銳等等，互補彼此的不足，能讓自己變得更完美。

遇到沒耐性獅子，怎麼辦？金牛～

　　獅子把自己的位子設定得高高在上，總覺得麾下芸芸眾生都必須靠自己過活，所以也不管是真忙還是瞎忙，獅子永遠都有處理不完的事，包括自己主動插手介入的、別人來請求幫忙的，或是意外的突發狀況等等，日理萬機，瑣事紛擾，使得原本就是個急性子的獅子老是動不動就威聲斥喝，顯露出沒耐性的火爆脾氣。

　　金牛不在乎為一件事情花多久時間，重點在於有沒有使勁全力、做到最好，但獅子可沒那等閒功夫，重量不重質，一心只想快速完成。

　　當金牛遇到獅子時，不需受偶發的獅吼威脅，也不必羨慕獅子呼風喚雨的能耐，因為兩人的特質和天命本來就不相同，何苦強求，只要各司其職，努力盡守本分，就能相處愉快。

遇到窮緊張處女，怎麼辦？金牛～

　　處女外表端莊有禮、鎮定謹慎，其實內心經常處於不安的狀態，就像心律不整的病患的心電圖，忽上忽下、忽強忽弱，不過因為處女很在乎形象，所以掩飾得很好，不易被人發現。處女窮緊張的性格有一部分是因為本身的標準過於嚴苛，迫使自己必須面對稍有差池就扼腕不已的情形，或未達預期所帶來的巨大恐懼，搞得緊張兮兮、坐立難安。

　　金牛的目標明確、計畫妥善，一切皆在掌控之中，極少出現不確定因素，所以心情容易處於安定平穩的狀態，而處女雖然也是會做好充分準備才付諸行動的人，但因過於求毛求疵，常搞得自己緊張莫名。

　　當金牛遇到處女時，若能以同理心體諒處女的求好心切，並幫助對方改整步調後再重新出發，必能成為共患難的知心好夥伴。

遇到鄉愿天秤，怎麼辦？金牛～

　　天秤一輩子最怕的事就是得罪別人，不管誰對誰錯、是非黑白，反正就是無法接受尷尬或緊張的人際關係，寧願自己鞠躬哈腰、居中協調、四處勸說、陪笑裝低姿態，也不能讓自己的形象被任何一個人扣到分數，耗盡所有能量、用盡所有人情、拚盡所有力氣，就是為了營造美好的門面與一團和氣的舒適氣氛。

　　金牛雖不標新立意，也不愛違逆搞怪，但卻有屬於自己的原則，且誓死堅守，不輕易妥協，而天秤則經常忘卻自我，只知一味地配合。

　　當金牛遇到天秤時，彼此的衝突並不高，兩人都喜歡追求美麗事物，只是金牛務實努力，天秤卻愛耍表面功夫，然而，金牛也不需太在乎這些差異，用欣賞的角度看事情、觀人性，問題會變得簡單許多。

遇到嫉妒天蠍，怎麼辦？金牛～

天蠍的眼裡容不下一粒沙、心裡容不了一個異己，非要做到純粹再純粹、精煉再精煉的地步，就像經過千百道去除雜質的程序後，最後所留存下來毫無雜質的部分，才能讓天蠍百分之百安心。天蠍對於自己愛的人和所擁有的，必傾注全力愛護與奉獻，也期望對方同等回饋，一旦出現外力干擾或背叛警訊，天蠍妒火中燒，後果將不堪設想。

金牛愛吃醋的程度和天蠍不相上下，只是金牛吃醋之後，也使不出什麼立竿見影的對付手段，只好獨自生悶氣，而天蠍則會備好整套的復仇計畫，準備大顯身好，讓對方永生難忘。

當金牛遇到天蠍時，既然兩人都是標準的醋罈子，就認真地當一個忠實的夥伴，不踰矩、謹守分寸，讓彼此都覺得放心。

遇到心直口快射手，怎麼辦？金牛～

射手性子急、動作大又快，說話更是口沒遮攔，不管面對什麼對象或處於什麼場合，射手的表達都只有二個動作，第一個是「想到」，第二個是「立刻脫口而出」，省略了在腦子裡思量和修整的過程，所以總是讓對方感覺像被突如其來的亂箭射中一般，遍體鱗傷，痛到不支倒地，但射手卻還能繼續眉飛色舞地敘述著，毫無知覺。

金牛的言詞表達能力是性格中較弱的一環，心中縱有豐沛浩然的情緒，還是無法對他人描述出真實的感受，而射手則是想到什麼就說什麼，心無祕密、口無遮攔，常讓人聽了直冒冷汗。

當金牛遇到射手時，把對方設定成一個率真坦白、沒有惡意的人，自己的情緒就不會受直言影響，甚至有豁然開朗的感覺。

遇到利己主義摩羯，怎麼辦？金牛~

摩羯的利己主義不是用在享樂，而是對自己有實質幫助的事情上，尤其金錢與名利方面的報酬，最被重視。摩羯在做任何事之前都要仔細評估，哪怕只是一件微不足道或影響有限的小事，也毫不輕忽，更別說是攸關成敗的事業規畫和人生大計，必定再三思索、前後推敲，確定萬無一失之後才行動，絕不會讓自己吃虧或浪費無謂的時間。

金牛執行任務的目的必與利益有關，辛勤之後等的就是甜美果實，絕不可能「憑感覺」行事，這一點倒是與摩羯的價值觀不謀而合。

當金牛遇到摩羯時，兩人要的都是利益，所以不會有人全贏，最後的好處必須用某種比例加以分配，表面上看來，這樣的做法似乎有些現實，但只要條件談妥、你情我願，反而是一樁合作愉快的買賣。

遇到叛逆水瓶，怎麼辦？金牛～

水瓶的反骨叛逆性格，讓每個人都印象深刻，在團體裡，特異分子、難搞怪咖、點子王等強調與眾不同特質的稱號，實非水瓶莫屬，無人能出其右。自由對水瓶而言，就像空氣之於人類、肥料之於作物、食物之於動物一樣，絕不能少，否則一切停擺，再怎麼威脅利誘都沒有用，而這也是水瓶叛逆的終極表現之一。

金牛在團體中，是非常守規矩的一群，指令說東，就不會往西，而水瓶則完全相反，視規矩於無形，我行我素，比誰都自在。

當金牛遇到水瓶時，就像乖學生與搞怪學生的對決，乖學生覺得遵守規矩是天經地義的事，搞怪學生卻覺得擁有自我風格才符合人生價值，所以最好學習尊重對方，不強迫、不鄙視，才能安然相處。

遇到愛幻想雙魚，怎麼辦？金牛～

雙魚喜歡強調直覺、靈感、形而上之類的「感覺」，因而演繹出各式各樣不著邊際的幻想，超脫現實，悠遊於虛無飄渺、看不到也摸不著的世界。雙魚在自設的夢境裡，快樂似神仙，一切都是那麼美好，然而卻苦了身邊的人，有的忙著收拾爛攤子、有的忙著苦口婆心地勸導、有的忙著阻止悲劇發生……雙魚的美夢還真是大家的惡夢啊！

金牛喜歡踩在大地上的感覺，即使偶有刺痛感，或可能會弄髒雙腳，卻覺得特別安心穩固，而雙魚則偏愛虛無飄渺的夢幻感，管它夢的真實度有多少，浪漫氛圍永遠都是讓人捨不得離開的美麗陷阱。

當金牛遇到雙魚時，沒必要打斷對方的遐想，只要適時引領對方前行，或偶爾也一起造個無傷大雅的美夢，就能愉快融洽地共處。

12 星座不易被發現的隱藏性格

牡羊 習慣逞兇鬥狠的牡羊，真要哭起來，猶如天崩地裂，挺嚇人的！

金牛 肢體不靈活的金牛，如果有高人指點，有機會變身為舞林高手。

雙子 好像可以同時處理好幾件事的雙子，其實瞎忙的成分比較高。

巨蟹 多慮膽小的巨蟹，一旦犧牲奉獻，則勢如破竹、勇氣過人。

獅子 愛熱鬧的獅子，也會有不愛搭理別人的自閉傾向。

處女 表面端莊整齊的處女，在沒人看見的時候，完全不是那麼回事。

天秤 要求平衡、客觀的天秤，其實主觀的不得了。

天蠍 冷酷、疑心病重的天蠍，一被打動，就完全受對方擺布。

射手 粗線條的射手，在研究學問時，倒是十分仔細謹慎。

摩羯 拘謹嚴厲的摩羯，遇到喜歡的人，會變得非常浪漫。

水瓶 看起來不問世事的水瓶，其實對所有狀況都瞭然於胸。

雙魚 說話含糊、不具體的雙魚，心中早有答案，只是不說而已。

星座小熊 第一本星座書 金牛座
堅忍不拔夠拼命

作　　者／星座小熊，曾新惠
美術編輯／達觀製書坊
責任編輯／twohorses

企畫選書人／賈俊國

總 編 輯／賈俊國
副總編輯／蘇士尹
編　　輯／黃欣
行銷企畫／張莉滎、蕭羽猜、溫于閎

發 行 人／何飛鵬
法律顧問／元禾法律事務所王子文律師
出　　版／布克文化出版事業部
　　　　　115 台北市南港區昆陽街 16 號 4 樓
　　　　　電話：(02)2500-7008　傳真：(02)2500-7579
　　　　　Email：sbooker.service@cite.com.tw
發　　行／英屬蓋曼群島商家庭傳媒股份有限公司城邦分公司
　　　　　115 台北市南港區昆陽街 16 號 5 樓
　　　　　書虫客服服務專線：(02)2500-7718；2500-7719
　　　　　24 小時傳真專線：(02)2500-1990；2500-1991
　　　　　劃撥帳號：19863813；戶名：書虫股份有限公司
　　　　　讀者服務信箱：service@readingclub.com.tw
香港發行所／城邦（香港）出版集團有限公司
　　　　　香港九龍土瓜灣土瓜灣道 86 號順聯工業大廈 6 樓 A 室
　　　　　電話：+852-2508-6231　　傳真：+852-2578-9337
　　　　　Email：hkcite@biznetvigator.com
馬新發行所／城邦（馬新）出版集團 Cité (M) Sdn. Bhd.
　　　　　41, Jalan Radin Anum, Bandar Baru Sri Petaling,
　　　　　57000 Kuala Lumpur, Malaysia
　　　　　電話：電話：+603- 9056-3833　　傳真：+603- 9057-6622
　　　　　Email：services@cite.my
印　　刷／韋懋實業有限公司
初　　版／2024 年 4 月
定　　價／300 元
ＩＳＢＮ／978-626-7337-93-6
ＥＩＳＢＮ／978-626-7337-99-8（EPUB）

城邦讀書花園　布克文化
www.cite.com.tw　www.sbooker.com.tw